聪明人用方格笔记本

有效的大脑思维整理术

[日] 高桥政史 著

袁小雅 译

湖南文艺出版社
HUMAN LITERATURE AND ART PUBLISHING HOUSE

博集天卷
CS-BOOKY

ATAMAGA IIHITO WA NAZE HOUGAN NOTE WO TSUKAUNOKA?
© MASAFUMI TAKAHASHI 2014
Originally published in Japan in 2014 by KANKI PUBLISHING INC.
Chinese（Simplified Character only）translation rights arranged with KANKI
PUBLISHING INC. through TOHAN CORPORATION, TOKYO.

著作权合同登记号：18-2015-057

图书在版编目（CIP）数据

聪明人用方格笔记本 /（日）高桥政史著；袁小雅译. -- 长沙：湖南文艺出版社，2020.9

ISBN 978-7-5404-9748-4

Ⅰ.①聪… Ⅱ.①高… ②袁… Ⅲ.①思维方法—通俗读物 Ⅳ.①B804-49

中国版本图书馆CIP数据核字（2020）第141713号

上架建议：商业·励志

CONGMING REN YONG FANGGE BIJIBEN
聪明人用方格笔记本

作　　者	[日]高桥政史	
译　　者	袁小雅	
出 版 人	曾赛丰	
责任编辑	丁丽丹	
监　　制	毛闽峰　李　娜	
策划编辑	李　颖　由　宾　陈　鹏	
特约编辑	孙　鹤	
营销编辑	刘　珣	
版权支持	金　哲	
装帧设计	李　洁	
出　　版	湖南文艺出版社	
	（长沙市雨花区东二环一段508号　邮编：410014）	
网　　址	www.hnwy.net	
印　　刷	三河市中晟雅豪印务有限公司	
经　　销	新华书店	
开　　本	880mm×1270mm　1/32	
字　　数	107千字	
印　　张	6.5	
版　　次	2020年9月第1版	
印　　次	2020年9月第1版第1次印刷	
书　　号	ISBN 978-7-5404-9748-4	
定　　价	48.00元	

若有质量问题，请致电质量监督电话：010-59096394
团购电话：010-59320018

これまで多くの方にご支援いただき、
ありがとうございます。
本書は学習から仕事などさまざまな場面で、
あなたの能力を磨くことをサポートして
くれるはずです。
ぜひ一生もののスキルとして身につけてください。
高橋 政史

感谢读者一直以来的支持和厚爱。

这本书将帮助您在学习到工作的各种场景中提高您的技能。

希望它能够成为您获取终生技能的伙伴。

——高桥政史写给中国读者的新版寄语

麦肯锡、
BCG（波士顿咨询公司）等
外资管理咨询公司的咨询顾问，
东京大学（以下简称"东大"）
录取生……

聪明的人都在使用**方格笔记本**。

这是为什么呢?

其实是因为方格笔记本
可以"**整理大脑内存**"。
整理笔记有助于**理清大脑思路，**
使学习、工作
变得生动有趣、轻松顺利。
笔记是我们的"**第二大脑**"，
它可以让我们看见
另一个人的大脑世界。

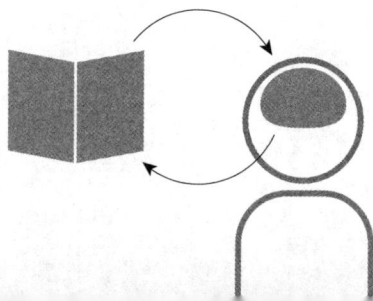

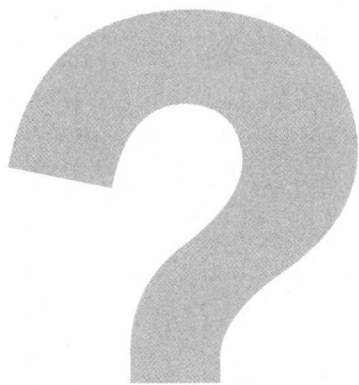

?

提问

你的笔记本是什么样的?

用四种以上的颜色记录的"多彩笔记本"

看一眼便不忍再看第二眼的"脏乱笔记本"

照抄黑板、白板板书的"复制笔记本"

比A6纸小、记事本型的"小笔记本"

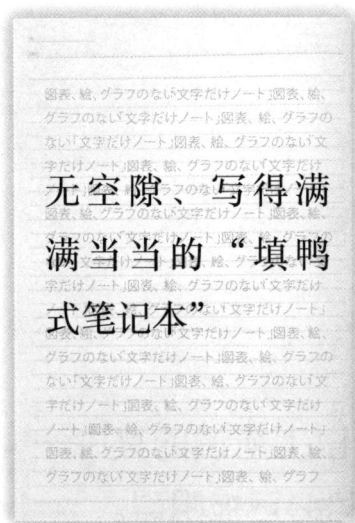

无空隙、写得满满当当的"填鸭式笔记本"

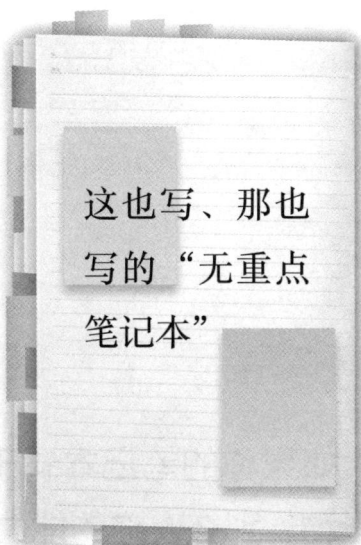

这也写、那也写的"无重点笔记本"

话说回来，你学过如何记笔记吗？

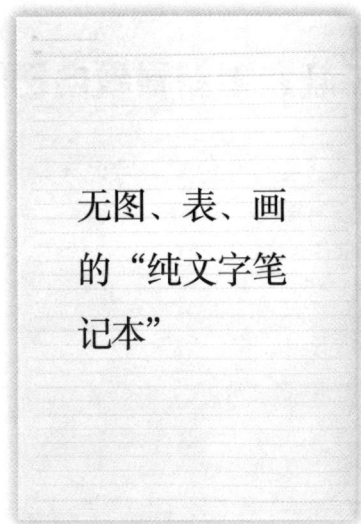

无图、表、画的"纯文字笔记本"

如果你的笔记本属于以上所说的其中一种，那么，你的能力势必已被阻碍。

赶紧重新看看自己的笔记本吧！

**使用方格笔记本，
改变你的人生。**

序 言

麦肯锡的咨询顾问、东大录取生
都在使用的方格笔记本

　　成为咨询顾问没多久，曾在麦肯锡担任董事的上司便给了我一样东西——A4大小的蓝色方格笔记本。

　　我询问他给我方格笔记本的理由，他回答说："因为麦肯锡的咨询顾问都在使用方格笔记本。"

　　"为什么要用方格笔记本呢？"虽然心中怀有疑问，但从那天开始，我也用起了方格笔记本。

　　后来，我与多位出自麦肯锡、BCG、埃森哲、博思艾伦等外资管理咨询公司的咨询顾问共事，发现他们的手中总是放不下方格笔记本。

　　再后来，我对两百余家企业进行了"笔记技巧指导"，还"诊断"了许多人的笔记，其中不乏欲提高学习成绩的学生，还有不善理清思路的商人，以及在初中、高中、大学任教的老师，等等。

在此过程中，我注意到了一点，那就是"较强的一方与较弱的一方的笔记存在很大的差异"。

外资管理咨询公司的咨询顾问等较强的一方的笔记中穿插了丰富的图、表，逻辑性强，条理清晰，很容易让人看明白。

与此相反，学习、工作上难以取得成绩的人的笔记就是简单的记事，即使多看几遍，脑海中也很难再现当时的内容。

两者所使用的笔记本也不一样。外资管理咨询公司的顾问们使用的是容易书写且看起来清晰明了的方格笔记本，其他大多数人则使用的是不便于画图表的横格笔记本、小型记事本或是从百元（100日元）店里买来的纸质较差的笔记本。究其原因，一是大多数人不愿在笔记本上多花银子，二是大多数人未把选择笔记本当回事。

东大笔记本、京都大学笔记本……考生在用方格笔记本！

日本大型预科学校代代木Seminal的文具商店货架上有一种摞得高高的笔记本——方格笔记本，"东大笔记本""京都大学（以下简称'京大'）笔记本"也都是方格笔记本。

你知道方格笔记本已成为当今考生的必备笔记本了吗？

数年前有一本畅销书叫《东大录取生的笔记本非常美》（東大合格生のノートはかならず美しい，太田彩著/文艺春秋），"东大笔记本"就是受此书启发而设计制作出来的。以此为契机，"京大笔记本"等各式各样的"合格笔记本"也相继上市。它们有一个共同的特点——都是方格笔记本，只是对由横竖线组成的标准方格笔记本进行了改良，有的用圆点表示竖线，有的加上了副线。事到如今，方格笔记本的款式更是五花八门。

不知不觉中，方格笔记本已成了考生的必备武器。

■ 方格笔记本的种类

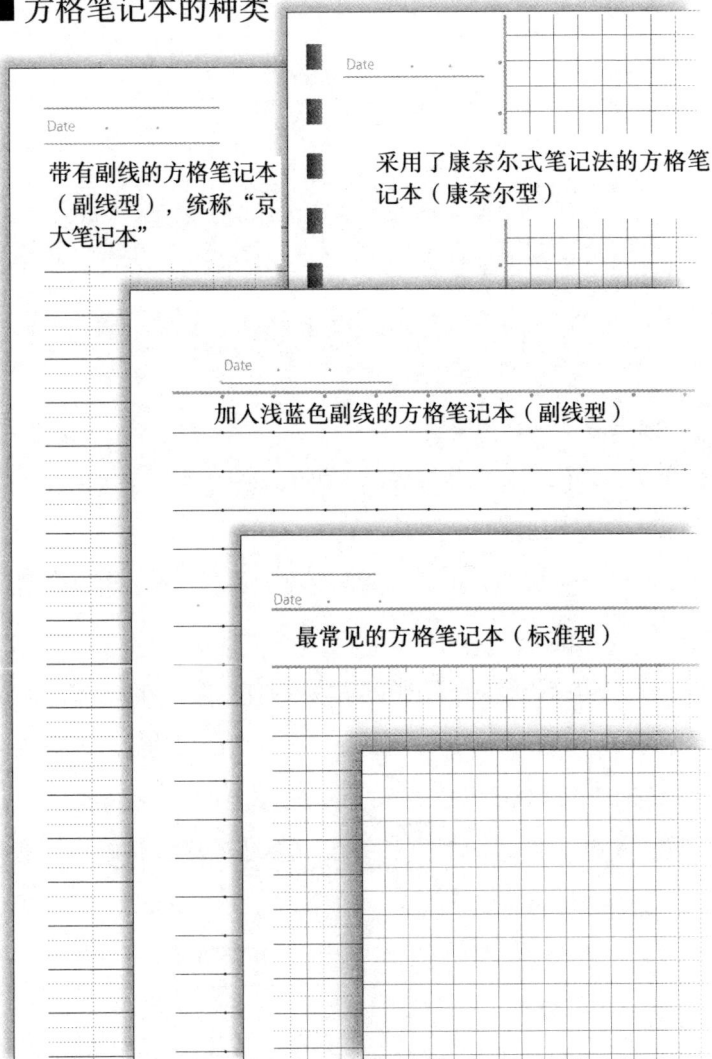

Date

带有副线的方格笔记本（副线型），统称"京大笔记本"

Date

采用了康奈尔式笔记法的方格笔记本（康奈尔型）

Date

加入浅蓝色副线的方格笔记本（副线型）

Date

最常见的方格笔记本（标准型）

聪明人为何使用方格笔记本?

外资管理咨询公司的顾问、东大录取生……他们为什么都使用方格笔记本呢?

这是因为方格笔记本中的横竖线设计便于画图、画表。加上图、表后,笔记的视觉效果增强,让人一目了然。

而让人一目了然的笔记本在商务领域的作用就更加突出了。

"不要动不动就用电脑。"

前面提过的曾在麦肯锡担任董事的上司一边对我说道,一边递给我一个A4大小的蓝色方格笔记本。

在此之前,我一直用的都是自己喜欢的笔记本。可是使用了方格笔记本以后,我发现自己的思路日益清晰明了。

我使用电脑的时间一下子减了大半。制作文件的速度、质量均大幅提升,没多久,我就可以在一家上市公司的老总面前底气十足地进行PPT汇报了。

就在那时,我切身感觉到"笔记本中蕴藏着远超单纯'记录工具'的巨大能量"。

方格笔记本具有优越的"再现性"。所谓再现性,就是不只是再现听课内容,就连当时的氛围和场面都仿佛重现了。

无论是用于商务还是用于学习,既能理清思路,又能真实再现当时气氛的方格笔记本，将成为你的战略性"武器"。

方格笔记本的效果

通过自己的亲身经历，坚信"改变笔记本→提高能力→成为优秀人才"的我针对"笔记本技巧"进行了研究。截至目前，我已对上到企业老板、下到中小学生等两万余人进行了笔记技巧指导。

使用方格笔记本可以：

① 提升记忆力（记忆量变大，学习过的东西不易忘记）；

② 增强逻辑思维能力（思考问题、理解问题、寻找解决方法的逻辑思维能力增强）；

③ 增强解决问题能力（对复杂问题能够由繁化简、由面到点，找出合适的解决方法）；

④ 增强演讲能力（笔记本将成为可以直接使用的演示资料）；

⑤ 提高积极性（容易书写且流畅美观，易提升积极性）；

⑥ 提升学习能力（促进学习、备考、资格考试等能力的提升）。

在这些积极作用的促进下，学习的效率显著提高，成绩大幅提升，我们可顺利进入志愿报考的学校，高分通过资格考试！工作上可大幅缩短制作文件的时间和开会时长，大幅提高工作效率，减少加班时间甚至不再加班，增加私人时间，丰富生活。总之，可以在各个方面提高生活品质。

进化笔记本，改变人生舞台

话说回来，我们是为了什么而使用笔记本的呢？

为了学习、为了考试、为了应聘、为了工作……人的一生中，有各种各样的阶段需要使用笔记本。但本书所提的活用笔记本只为一个目的。

那就是"改变人生舞台"。

我认为，人应该为了迈向下一个人生舞台而进化笔记本。

举例来说，为了登上东京大学这一人生之路上的又一个舞台，考生备考时将笔记本进化为美丽工整、易读易解的笔记本。麦肯锡等外资管理咨询公司的咨询顾问在入职之初将笔记本更换为方格笔记本，也是同样的道理。

为"改变人生舞台"而进化笔记本。

如果你想进入第一志愿的学校或公司，如果你即将步入社会，如果身为商人的你希望得到提升，如果身为公司普通员工的你希望晋升为经理，那么，请重新审视一下自己的笔记本。

解析聪明人的笔记本，皆遵循"三法则"

那么，我们该如何使用笔记本呢？

答案是"使用方格笔记本、标出题目、用三分法记录"。这就是本书通篇介绍的"使头脑变聪明的方格笔记本三法则"。

法则1：使用方格笔记本

以东大笔记本、京大笔记本为代表的"合格笔记本"，以麦肯锡、BCG为首的外资管理咨询公司咨询顾问们所使用的方格笔记本，仅需将笔记本换为方格笔记本，你的笔记本就会变身为让你"一目了然"且能使你头脑聪明灵活的笔记本。相关具体内容将在本书中详细说明。

法则2：标出题目

我们都知道笔记本的上方有一块空白区域，你一般会在这块空白区域里写些什么呢？

"我没怎么注意过那里""只用来写写日期"……其实大部分的人都是如此。可是，那块通常不被重视的空白区域恰恰是笔记本最为重要的地方。方格笔记本的空白处就好比报纸的标题处，就像我们无法想象没有标题的报纸一样，没有标题的方格笔记本会大幅降低我们对笔记的理解速度。相关具体内容将在本书中详细说明。

■ 笔记本上方的空白区域

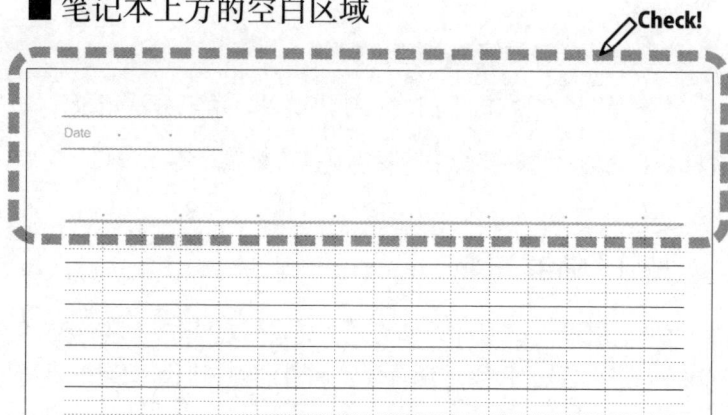

✏Check!

Date

法则3：用三分法记录

将方格笔记本"分为三部分"记录。从左向右依次将笔记本分为三部分，按照"事实→解释→行动"的顺序记录笔记。

你知道吗？按照"事实→解释→行动"这一"三分法"记录笔记，是东大录取生、美国知名大学学生以及以麦肯锡为代表的外资管理咨询公司的咨询顾问们，通过实践证实的能够使头脑变聪明的世界公认准则。相关具体内容将在本书中详细说明。

"使用方格笔记本、标出题目、用三分法记录"

只需每天按照这简单的三法则记笔记，你的大脑反应速度以及学习、工作效率便会发生巨大变化。

本书将详细介绍基于这三法则的方格笔记本的具体使用方法。

即使不能一下子完全掌握也没关系，结合自身情况，一步一步地掌握也是可以的。不知不觉，你会惊讶地发现自己的确发生了很大的变化！而那正是方格笔记本使你人生得到进步的瞬间！

如果本书能让你每天使用的笔记本为你的人生搭建出崭新的舞台的话，哪怕只是一点点改变，都将让我感到无比自豪。

"使用方格笔记本后，我的能力提升了！"
——方格笔记本使用者们的心声

　　因为我在工厂上班，所以之前了解过丰田的"五个为什么"。

　　可是因为我之前只在脑子里思考"为什么"，从未整理过知识和实践经验，所以感觉自己"很难回忆起来，也得不出什么结论"。但是，当我按照三分法使用方格笔记本后，便可以在笔记本上"深度挖掘自己的思考→得出结论"。

——36岁，女性，就职于某半导体工厂

　　之前我学过思维导图等各种各样的记笔记法，可这些方法反而使我的思路更加混乱。自从我使用方格笔记本后，我的思路清晰明了，能够轻松地概括自己的想法。因为方格笔记本是沿着思路框架整理的，所以只需让员工看着笔记并加上简单的说明，他们就很容易理解你想传达的意思，做事也更加具有针对性，方格笔记本带来的变化令我惊讶。

——32岁，男性，某IT公司管理者

"黄金三分法"既是笔记本的框架，又是思考的框架。我深刻体会到了方格笔记本既可"输出"又可"输入"的强烈魅力。

——35岁，女性，设计师

仅需按照"记录→思考→传达"的顺序使用笔记本，解释说明的能力便可以大幅提高。笔记本要专门留下一块记录自己思考理解的区域。无论是自己重新翻看还是拿给别人看方格笔记本，大家都能一下子明白笔记中想要传达的意思，使输出变得清晰明了。

——21岁，女性，大学生

我之前一直以为方格笔记本是在学习数学时使用的，后来我才得知方格笔记本不仅可以用于学习，而且是一个可以用于工作和其他地方的万能笔记本，这既让我意外，又让我觉得新鲜刺激。美丽的笔记本 "便于快速理解" "具有再现性" "易读易整理"。看样子，方格笔记本可以灵活运用于思考问题、开会等实际工作中。

——27岁，男性，护理主管

平时思考问题的时候，我只是在脑子里随便想一下而已。自从按照三分法使用方格笔记本后，我可以更加详细、具体地思考理解问题了。听说方格笔记本有助于学习，我准备马上推荐给孩子使用。

——39岁，男性，商人

在大学讲课的时候，我总对学生们说："要用自己的脑子思考问题！"但也担心光说会不会起不到什么实际作用。就在那时，我遇到了方格笔记本。我起初对它的作用还有些怀疑，可是尝试使用后，方格笔记本真的让我大吃一惊。之前我一直以为自己属于做事时思考得较多的那种人，但是使用方格笔记本后，我发现自己并不是在思考，而是在和自己已有的知识、经验较量。

——42岁，女性，大学老师

目 录
C o n t e n t s

**第三章
人生之本！看透"学习笔记本"**

目 录
C o n t e n t s

第四章
工作笔记本是"懂得取舍"的笔记本

第五章
玩转可作为一生有用武器的"提案笔记本"

目 录
C o n t e n t s

Guide ① 针对不同读者的"读法"指引

本书面向的读者群很广，既有备考的学生，又有工作在一线的商务人士，还有在学校传道授业的老师。为了让不同的人更好地使用这本书，本书专门制作了针对上述不同读者的"读法"指引。

※若想了解能使头脑变聪明的方格笔记本的"基本原理"，请先看本书第一章、第二章、Guide2。在此基础上，再进一步强化自己所需的笔记本功能，具体参考标准如下

- ●章 ➡ 优先
- ◐章 ➡ 有些时间的话
- ○章 ➡ 有宽裕时间的话

① 上班人士

需要从庞杂的信息中理出重点，简明地将想要表达的意思传达给他人。

● 如果有些时间的话，可以从第三章的"学习笔记本"看起，如果想尽快运用于工作的话，那么请针对第四章和第五章进行重点阅读，然后立刻付诸实践。

第三章	第四章
第五章	Guide 3

② 学习的人

需要参加升学考试、资格考试、晋升考试的人，想要提升学习能力、学习效率的人。

● 即将参加升学考试的人请看第三章。即将参加资格考试、晋升考试、职业测试等需要学习的"职场人士"可同时阅读第三章和第四章。

第三章	第四章
第五章	Guide 3

③ 演示讲解的人

咨询、经营策划、销售、管理等工作中需要进行演示讲解的人。

● 优质的输出源自优质的输入。先用第三章打基础，然后看第四章至Guide3，边看边实践。

第三章	第四章
第五章	Guide 3

④ 从事教育相关工作的人

学校及培训学校的老师、企业的研修人员、父母等有"教育"责任的人。

● 第三章为基本中的基本，请在工作中以及讲解时灵活使用方格笔记本。

第三章	第四章
第五章	Guide 3

CHAPTER ONE

第一章

想改变人生，
就改变笔记本吧！

使头脑变聪明的笔记本
VS.
阻碍能力发挥的笔记本

使头脑变聪明的笔记本

	Check! ✔
看起来工整	☐
比A4纸大	☐
颜色不超过三种	☐
每一页都有一个主题	☐
是黑板、白板板书内容的提炼	☐
留有空白区域	☐
画有许多图、表、画	☐
日后看笔记时依然可再现当时的内容	☐

阻碍能力发挥的笔记本

第一印象给人脏乱的感觉，使人不愿再看第二眼	☐
比A6纸小、记事本型	☐
用了四种以上的颜色	☐
这也写、那也写	☐
照抄黑板、白板板书	☐
无空隙，写得满满当当	☐
无图、表、画，只有文字	☐
日后看笔记时无法再现当时的内容	☐

请先看看你正在使用的笔记本。

笔记本分为"使头脑变聪明的笔记本"和"阻碍能力发挥的笔记本"两种。

你的笔记本是这两种中的哪一种？

如果你觉得自己"一直很努力却未能取得好的成绩"的话，那么请先检查一下你的笔记本吧！你的笔记本看起来是什么感觉？

是不是"阻碍能力发挥的笔记本"？

如果想要提高成绩的你准备报培训班，如果你正准备增加孩子课外补习的时间，那么，在你采取上述行动之前，请先挑战一下改变笔记本吧！

▌在学校、公司学不到的东西

99%的人都在使用"阻碍能力发挥的笔记本"。

看过两万人的笔记本后，我真切地感受到了这一点。

笔记本本是可以提高学习、工作效率和提升能力的战略工具。可是，为什么这么多人在白白浪费笔记本应有的功能呢？

原因只有一个。

那就是"从来没有人教过他们该如何使用笔记本"。

几乎所有人都没有学习过如何使用笔记本、如何记笔记。

你学习过吗？

我在一家通信公司的研修课上讲课时，曾问过他们这样一个问题："有没有人教过你们该如何使用笔记本？"

回答"有人教过"的只有一人。

当时一共有100人听课，也就是说，学习过如何记笔记的人只占1%，这就是现实。

但与此相反的是，在序言中提到的东大录取生中，回答在学校、预科学校、父亲等处"学习过如何使用笔记本"的人并不在少数。

你学习过如何使用笔记本吗？

外资管理咨询公司的咨询顾问自入职之日起便开始使用方格笔记本，上司还会检查下属的笔记本，用红笔标出不足之处，不断地让下属提高记笔记的技巧。

总而言之，聪明的人都有过如下经验：

· 学习过如何使用笔记本

· 用红笔对笔记进行修改

聪明的人、工作能力强的人、会学习的人，都是在人生的某个阶段，将"阻碍能力发挥的笔记本"更换为"使头脑变聪明的笔记本"的人。

在使用速记法、速读法、 逻辑思维法之前， 重新审视"阻碍能力发挥的笔记本"

　　进入社会后，有些人不惜花费高额培训费为自己充电，有参加逻辑思维能力培训的，有参加提高工作效率培训的，有参加能力开发研讨会的，还有专门学习速记和速读的，其中甚至有人为此花费了数万、数十万日元，有着类似经历的人有很多。

　　当然，这些努力并不是徒劳的。

　　但是，在此之前，应该做一件事情。

　　那就是，掌握能再现学习内容的记笔记法。

　　不管你参加的是多么优秀的培训、讲座、研讨，如果你的笔记无法再现当时的学习内容，那么，你好不容易学到的知识、技巧化为乌有的可能性将很大。

　　笔记的生命线是"再现性"，这是记笔记的最终目的。

　　可是，没有学习过笔记本使用方法的人日后再看自己的笔记时，只能看到上面的词语和句子，却回忆不出"为何需要这些信息""这些信息有什么作用"这些更为重要的部分。

也就是说，他们用的是缺乏再现性的记笔记法。

如果你感觉到自己记的笔记"无法再现学习内容"的话，那并不是你参加的讲座或接受的培训不好，也不是你的能力不行，更不是你付出的努力不够。

真正的原因在于你的笔记。

因为你的笔记是"无法再现学习内容、阻碍能力发挥的笔记"。

"阻碍能力发挥的笔记本"阻碍了你能力的发挥与提升。

比"你参加了什么培训"更为重要的是"如何再现、实践你学到的知识和技巧"。

如果你无法再现曾经学习的内容，那就说明你之前使用的笔记本"阻碍了你能力的发挥"。

所以，请你放下阻碍了你能力发挥的笔记本，拿起能使你头脑变聪明的笔记本吧！

笔记本的改变将带来能力的改变。

有些笔记虽然看起来很漂亮，但搁了一段时间再看时，"却无法再现学到的内容"。这种阻碍能力发挥的笔记本是很常见的。如果不考虑记笔记的目的以及日后如何使用笔记的话，那么，你将很难达到你想达到的效果。

"我是怕日后忘记才记的""我只是照抄板书罢了""我有记笔记的习惯"……如果你是因为这些记笔记的话，请就此打住吧！

那么，我们到底该如何记笔记呢？

请在本书接下来的内容中，跟我一起掌握记笔记的技巧吧！

对笔记本不加选择，
会给你带来持续的负面影响

存在漏洞的英语学习=阻碍能力发挥的笔记本

"到现在才换笔记本，应该不会有多大的变化吧？"

也许有人会这么想。

可是，笔记本是我们每天都会用到的东西，就像每日的饮食能够影响到人体健康一样。如果你继续按照老方法记笔记的话，那么它将在未来的很长一段时间内对你产生负面影响。

比如，有很多人明明从初中就开始学习英语，一直学到大学，学了十年，却发现自己的英语水平达不到工作要求。

这是为什么呢？

因为大多数人的英语学习方法存在很大的漏洞。

这和"阻碍能力发挥的笔记本"的问题是同样的。

多数人记笔记的技巧停留在学生水平，甚至都不会去想这样下去会怎样，而且将其变为一种习惯。

这种习惯持续下去的话，不但会影响能力的全方位发展，还会持续阻碍能力的发挥，甚至造成能力的下降。

如果你继续按照错误的方法记笔记的话，那么，你的动脑能力也将慢慢减弱，学习到的知识、技巧、经验，以及花费在这些学习上的时间都将付诸东流。

不仅如此，如果你继续这样记笔记的话，你还将失去未来人生路上的各种机遇，使你的人生前功尽弃。

重新审视自己的笔记本，立刻将"阻碍能力发挥的笔记本"变为"使头脑变聪明的笔记本"的最重要原因就在于此。

使头脑变聪明笔记本的"第一步"

掌握正确的记笔记技巧的第一步就是弄清楚自己此前记笔记的不足之处。

请将自己的笔记本和我在前面提到的"阻碍能力发挥的笔记本"对比一下。

①第一印象给人脏乱的感觉，不愿再看第二眼的"脏乱笔记本"。

②比A6纸小、记事本型的"小笔记本"。

③用了四种以上的颜色记录的"多彩笔记本"。

④这也写、那也写的"无重点笔记本"。

⑤照抄黑板、白板板书的"复制笔记本"

⑥无空隙、写得满满当当的"填鸭式笔记本"。

⑦无图、表、画的"纯文字笔记本"。

⑧日后看笔记时无法再现当时内容的"中看不中用笔记本"。

■阻碍能力发挥的笔记本示例

① "脏乱笔记本"

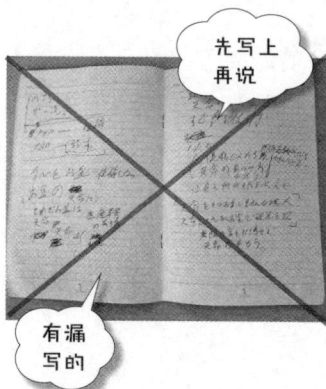

先写上再说

有漏写的

② "小笔记本"

太小了

只能当简单的记事本用

③ "多彩笔记本"

彩笔

荧光笔

④ "填鸭式笔记本"

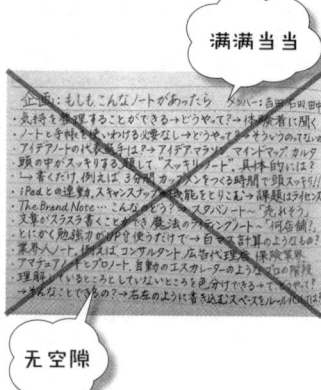

满满当当

无空隙

从笔记本看八项能力低下

①"脏乱笔记本"→理解力、积极性低下。

②"小笔记本"→思考复杂问题的能力、逻辑思维能力低下。

③"多彩笔记本"→判断优先顺序的能力、判断力低下。

④"无重点笔记本"→舍弃能力、整理能力低下。

⑤"复制笔记本"→记忆力、独立思考能力低下。

⑥"填鸭式笔记本"→理解能力、复习能力低下。

⑦"纯文字笔记本"→视觉把握能力、表现力低下。

⑧"中看不中用笔记本"→学习能力、理解力低下。

▌方格笔记本能改变你

你现在使用的笔记本是什么样的?

是一般的横格笔记本吗? 还是白底笔记本? 如果你想将自己记笔记的能力提升一个档次的话, 那么, 先把你的笔记本换为方格笔记本吧!

人分为"聪明的"和"不聪明的", 这不是根据记忆力来划分的, 而是根据"信息整理能力"来划分的。聪明人的脑子常常在"整理", 也就是说, 他们将经过大脑"整理"后的东西写在笔记本上。

作为聪明人的代表, 东大录取生的笔记本一目了然, 甚至可以直接当作参考书使用。麦肯锡等外资管理咨询公司的咨询顾问们的笔记本也可以直接作为演示文稿资料使用。

这些人的笔记本有一个共同点——都是方格笔记本。

方格笔记本的特点是印有浅蓝色或灰色线条的方格, 这些方格常用于绘制图表或设计图。

平时上课、开会、谈事的时候，我也常常使用方格笔记本。若想用好方格笔记本上的方格的话，那么需要：

· **行首对齐**
· **在行首空两三个字的地方写小标题**
· **在比小标题往后两三个字的地方写内容**
· **项目改变时空一行**
· **注意留出空隙，留出进行信息整理的空间**

等记法变得简单易操作，写出的笔记也会变得更加美观。

行首、小标题等可以使笔记看起来清晰明了，便于整理信息。这样的笔记不仅容易看懂，而且赏心悦目，使我们提高记笔记的积极性。

充分预留的空白部分不仅可以提高笔记的清晰度，而且能让你在老师讲课时记下一些小重点，还便于你在日后查询时追加记录新的信息。

因为方格笔记本自带小方格，沿着方格自有的横竖线很容易画图绘表，所以很自然地就能提升笔记本的视觉效果。

如果一整页纸都用来画图的话，也可以作为一张绘图纸来使用。

此外，请养成用左右相对的两页记录一个信息点的习惯。方格笔记本不适合用冗长繁杂的方法记笔记，而适合用左右两页记录一个信息点这种再现性较强的格式记笔记。

优点颇多的方格笔记本不仅是一个好用的万能笔记本，更是一个能使我们的头脑越变越聪明的神奇笔记本。使用方格笔记本，不但能培养我们整理归纳信息的能力，还能提高我们的思考能力，提升想象力。

方格笔记本的优点还有很多很多，我将从第二章起进行详细说明。

■ 阻碍能力发挥笔记本示例

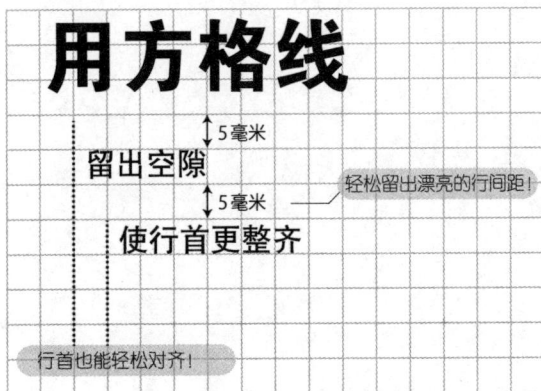

用方格线

留出空隙 ‡ 5毫米

使行首更整齐 ‡ 5毫米 ——— 轻松留出漂亮的行间距!

行首也能轻松对齐!

①留出适当的空白区域。　④便于调整文字大小。
②使行首、段落更美观。　⑤便于写出易读文字。
③空出整齐的行间距。

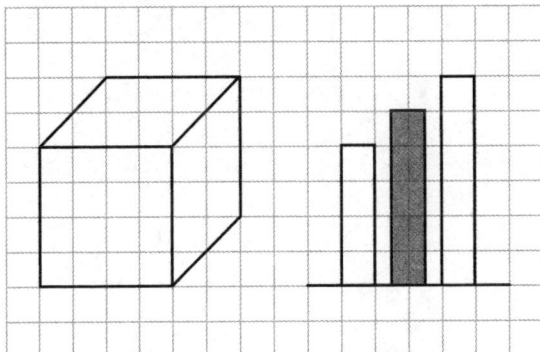

⑥易于画图。　　　　　　⑧可轻松画出外资咨询顾
⑦正确画出图表。　　　　　问常用的逻辑图。

CHAPTER
TWO

第二章

麦肯锡的咨询顾问必须使用的"麦肯锡笔记本"的秘密

用方格笔记本改变
"框架" = 使头脑变聪明

学习中最重要的是什么?

"尽可能多地往脑子里塞东西。"

"不怎么往脑子里塞东西。"

你赞成哪一点?

其实问题的重点不在于此。

重要的是有没有"框架"。

框架 = "整理思路的书架"。

有了"框架",无论多么庞杂的信息和知识点,你都能排除不需要的信息和知识,找出重点。

可是,如果没有"框架",这也在意、那也在意的话,即使信息量、知识量再少,它们在你的脑子里也是一团糨糊。

工作和学习并不只是将重要的信息装进脑子里。如何整理信息、如何高效地使用信息决定了工作和学习的效果。

框架 = "整理思路的书架"

"框架"决定你的聪明度。

用正确的框架整理大脑中的信息，可以使大脑变得越来越聪明；用错误的框架整理信息，则会使大脑变得越来越混乱。

工作和学习的效果因框架而改变。

"框架"就好比"整理思路的书架"。

知识和信息就好比书本，如果只是把那么多书杂乱无章地堆在书架上，那么，你将很难找出想用的那一本书，结果书也没对你起到任何作用。

知识和信息也是如此。如果有一个严格划分好的"框架=整理思路的书架"，而所需的知识和信息也都按照框架进行了整理，那么，当你需要的时候，你就可以快速地从中找到相应的知识和信息。

所谓脑子转得快的人、聪明的人，其实就是能够将信息整理、存储在"框架"内的人。

学习和工作皆由框架决定结果。如果拥有一个合理的框架，那么，学习和工作都可以高效地进行，你也将因此成为一个会学习、善于工作的人。

人是被"框架"左右的生物

人的思考和行为受"框架"的影响很大。

如果"框架"搭得合理稳固,那么,人就会采取正确的行为。

也就是说,一定的"框架"必然会引发人的某个特定的行为。

篮筐

道路中心线

就好比道路中心线。

车辆在路上行驶的时候,司机能看到路中间的中心线,所以会沿着左侧车道行驶①。

还有篮球架上的篮筐。因为运动员可以看到篮筐,所以他们才能准确地投进篮球。可是如果没有篮筐的话,那么,再专业的篮球运动员也无法准确地瞄准位置,投进篮球。

类似的还有停车场的定位器。正是因为有了定位器这个"框架",我

①日本的交通法规与中国不同,车辆是靠左行驶的。——编者注

们才能将车准确地停进车位。

道路中心线、篮筐、停车定位器告诉我们，合理准确的框架有助于人进行正确的思考和采取正确的行动。

"框架"决定学习和工作的品质

就像道路中心线有助于汽车顺利行驶一样，合理的框架也有助于学习、研究、工作的顺利开展。正是因为有了框架，我们才得以按照目标整理和梳理知识、信息，取得理想的效果。

能否使头脑变聪明？

起决定性作用的是"框架"。

工作中的"框架"也可以称为"格式"。

先决定好格式，然后将信息和想法按照格式进行排列、整理、归纳。这样一来，就可以快速高效地制订出一套高品质的企划方案或演示文稿。

很多人不重视格式，但事实上正是因为有了格式，我们才能将所需的信息提炼出要点，进行有效整理。

不单单是在工作、学习领域，就连在体育等领域也是一样，一流运动选手若想取得理想的成绩，也需将"框架"贯彻到底。

外资管理咨询公司也有优秀的框架。

"框架决定工作和学习的品质！"

在和他们沟通的过程中，我注意到了这一点。

所用的框架不同，结果也会不同。

所有人都可以将外资咨询顾问们的框架化为己用，这个框架就是方格笔记本。

就像道路中心线一样，将方格笔记本中的横线、竖线作为指引线思考整理问题的话，工作和学习将取得意想不到的成果。

那么，就让我们赶快来探究一下外资咨询顾问们爱用的方格笔记本中隐藏的秘密吧！

麦肯锡的"麦肯锡笔记本"
和BCG的方格笔记本

对于工作和学习，前文中我一直是并列提的。但严格来说，学生笔记本和社会人士的工作笔记本有着本质上的区别，请大家先了解这一点。积累知识、帮助学生朝人生新阶段进步是学生笔记本的主要作用，所以，学生笔记本更为重视的是高水平"积累"知识、信息的功能。

社会人士的笔记本则需在一定的时间段内帮助他们取得想要的成果，这就需要笔记本能够快速区分出什么是必要的、什么是不必要的，也就是帮助他们做出取舍，所以，社会人士的笔记本更重视的是"舍弃"功能。

不过，不管是哪一类人用的笔记本，有框架、格式，人们就可以快速、高效地进行学习、工作，没有框架的，学习、工作效率便会大幅下降。

而最先注意到"框架"并且巧妙运用了"框架"的就是以麦肯锡、BCG为首的外资管理咨询公司。

方格笔记本是外资管理咨询公司的必备办公用品

就像我在前文中提到的，知名外资管理咨询公司的咨询顾问们在工作中都使用方格笔记本，麦肯锡独创了方格笔记本，BCG使用的是由LIFE（生活）公司生产的"方格笔记本"。

20世纪30年代初，年收入高达数千万日元的外资咨询顾问在进行下述工作时：

· 谈事记录信息

· 开会当场梳理各方意见

· 访问顾客时记录顾客想法

· 整理方案要点

· 为制作演示文稿打草稿

· 深夜分析数据

你总能在他们的身边看到方格笔记本。

外资咨询顾问的知识生产都是在方格笔记本上开花结果的。

■ 麦肯锡笔记本

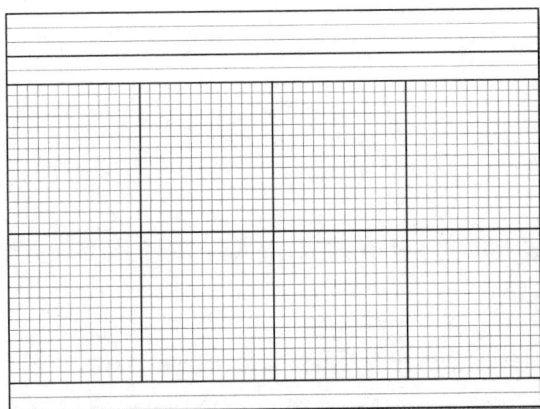

在这个框架格式上书写，几乎可以在与演示文稿相同的环境下进行布局、视觉性调整、信息制作等。

■ LIFE公司生产的方格笔记本

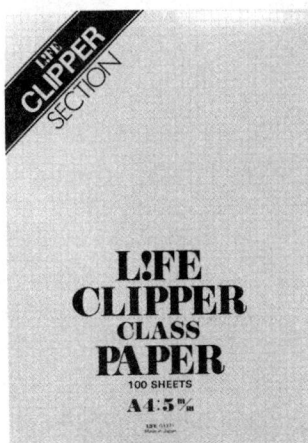

L!FE
CLIPPER
CLASS
PAPER
100 SHEETS

A4:5㎜

此笔记本是BCG的必备办公用品。

大前研一使用的
大方格笔记本

原麦肯锡公司日本分公司总经理大前研一因使用大方格笔记本而出名。

时至今日，他依然在使用麦肯锡公司独家定制的A2纸大小（相当于4张A4纸，即一张报纸的大小）的大方格笔记本。

无论是向顾客提供咨询服务，还是与员工开会，大前研一总会在面前展开大方格笔记本，一边进行对话，一边把解决问题的想法源源不断地记录在大方格笔记本上。

大前研一曾在自己的书中这样说道："我在工作中记笔记、提炼想法的时候，都会使用蓝色的方格纸，从方格纸的左下方向右上方写出重点。我一边听顾客讲，一边记笔记，写到方格纸的右上角时，自然形成金字塔结构，引导出结论。"[1]

所以大前研一活用笔记本的技巧就是"使用大方格

---

[1]出自《思考的技术》（大前研一著/讲谈社文库）。

纸""一页一主题""从左下方朝右上方书写"。

像大前研一这样，用方格笔记本当场为顾客引出问题、提出解决方案的外资咨询顾问不在少数。

世界顶级精英亲身实践的
"黄金三分法"

东大录取生的笔记本、麦肯锡公司的"麦肯锡笔记本"以及同为外资管理咨询公司的埃森哲管理咨询公司使用的"Point Sheet"（重点表单）、全美知名大学及科研机构使用的"康奈尔笔记本"，这些笔记本都有一个通用的"框架"，那就是"黄金三分法"。

说他们的逻辑性思维是通过贯彻"黄金三分法"培养出来的并不为过。

康奈尔笔记本分为"Note"（板书）、"Queue"（发现点）、"Summary"（总结）三部分。东大录取生中的大多数学生将笔记本的左右两页作为一页使用，左侧记录"板书"，右侧写"发现点"和"总结"，和康奈尔笔记本的构造完全相同。

麦肯锡公司的"空·雨·伞"，埃森哲公司的"Point Sheet"，所有外资管理咨询公司的咨询顾问都是按照"事实→

解释→行动"的三分法展开思考的。

你知道从东大录取生到全美知名大学学生的笔记本，乃至外资管理咨询公司咨询顾问的笔记本几乎都有着"事实=板书""解释=发现点""行动=总结"这样相同的框架吗？或许你会有些意外，但使头脑变聪明的"框架"在全世界的确是通用的。

接下来，就让我们详细了解一下世界顶级精英们的笔记本吧！

【黄金三分法之一】东大录取生的笔记本

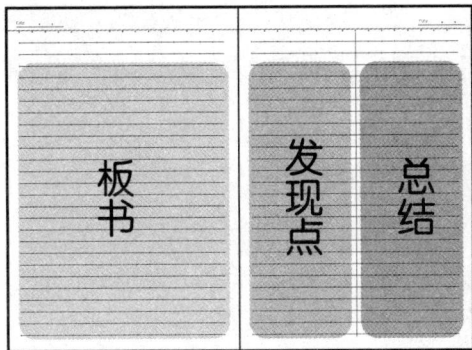

■ 东大录取生的笔记本

板
书

发
现
点

总
结

左右两页作为一页记录一个主题，活用右侧空白页，可掌握学习的关键所在。

东大录取生笔记本的特征为"右侧留有空白区域",大多数东大录取生都会将左右两页作为一页使用。"右侧的一页"会先空下,用左侧页记录老师的板书,用右侧页的左半部分记录老师的点评、自己的疑点和注意要点,右侧页的右半部分则用来记录为解决这些疑点而采取的行动及相关总结。

"写下来会觉得很满足",他们笔记本的特征就是"留有空白区域",这里的"空白区域"指的是思考区域。在学校学习时,笔记本的重要性不在话下。但在商务领域,笔记本的重要性也是不可小觑的,而这一块空白区域更是在日后起着举足轻重的作用。

右侧的空白区域与咨询顾问爱用的方格笔记本的特点是相通的。商用笔记本的框架通常是这样的,先从左侧开始梳理实情,然后在右侧汇总要点,最后导出得到理想结果应采取的行动。

【黄金三分法之二】美国知名大学学生使用的"康奈尔笔记本"

由美国常春藤联盟大学之一、世界排名前十的美国著名学府康奈尔大学心理学系研发的笔记本为"康奈尔笔记本"。

康奈尔笔记本被称为"the best note-taking system"（最佳笔记系统），是美国知名大学以及许多科研机构采用的笔记本。

康奈尔笔记本已经预先分好了"板书"区域、左侧的"发现点"区域以及最下面的"总结"区域三部分。这种笔记本可以自然而然地帮你养成按照"板书→发现点→总结"的顺序记笔记的习惯。

■ 康奈尔笔记本

以预先设置好的"三分区域"为特征。是全美知名大学及多数科研机构采用的笔记本。

【黄金三分法之三】埃森哲公司的 "Point Sheet"

全球最大的外资管理咨询公司埃森哲使用的是一种名为 "Point Sheet" 的格式。

格式中的横线和竖线都是浅绿色的，表格部分由上面的 "题目"、左侧的 "重点"、右侧的 "行动" 三部分组成。

左侧的部分用来记录重点，右侧的部分则用来书写基于重点应采取的行动，即 "谁、在什么时间之前、需要做完什么事"。

因为 "重点→行动" 的顺序可以按照由左到右的顺序自然得到书写整理，所以，"为何要采取这样的行动"，任何人看了都能一目了然，马上就能采取相应的行动。

■ 埃森哲公司的 Point Sheet

题目	
Point	Action
重点	行动

上至项目管理，下至执行方案，Point Sheet在埃森哲公司得到了广泛的应用。

【黄金三分法之四】麦肯锡公司的"空·雨·伞"

麦肯锡公司的咨询顾问们都会使用一个框架，这个框架就是"空·雨·伞"。

正如《从麦肯锡到企业家》（东洋经济新报社）一书的作者、Locondo公司总经理田中裕辅所说的那样，"在麦肯锡，所有思考都需严格按照'空·雨·伞'三步执行"。

所谓"空·雨·伞"，其实就是判断何为"空=现在的情况"，何为"雨=对此情况的解释"，何为"伞=根据此解释而采取的行动"。

■ 麦肯锡的"空·雨·伞"

空 = 认清事实　　　　雨 = 对状况的解释　　　　伞 = 行动·方案

抬头看天，发现天空乌云密布，天色灰暗。

好像要下雨了。

带伞出门。

　　首先，抬头看天，发现天空中的云朵有些异样，解释为"好像要下雨了"。根据这一解释，判断应该采取"带伞出门"的行动。

　　这就是"空·雨·伞"。

　　看到这里，你可能会说："什么？这也太简单了！"可是，正是因为大家都觉得这是"再简单不过的事情"，所以未能付诸实践。

　　"简单就是终极的复杂。"

　　这是达·芬奇的一句名言。

　　"空·雨·伞"这一思考方式（框架）的本质正是麦肯锡的咨询顾问们努力掌握的至简至极的思考法。

■麦肯锡的"空·雨·伞"

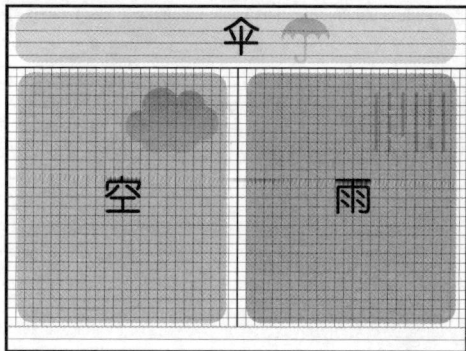

麦肯锡的咨询顾问们贯彻执行的思考、传达方式，看似简单，实则蕴藏着无限深意。

你也能掌握"黄金三分法"

东大录取生、外资管理咨询公司的咨询顾问等在学习、工作领域追求高水平知识生产的世界，顶尖级精英们一直在坚持实践的黄金定律就是"黄金三分法"，你理解了吗？

也就是说，那些善于学习、善于工作的人从学生时期就开始用"黄金三分法"记笔记了。步入社会开始工作后，他们成了活跃在一线的商务人士，使用"黄金三分法"更加得心应手。

正所谓"始于型，终于型"，这与习武的方法如出一辙。

从学生时代开始使用"黄金三分法"这一思考方式，然后在商务工作中将此思考方式进一步锤炼，成为某知识领域的专家活跃在最前沿。

只要你也愿意使用方格笔记本，那么，你就可以自然而然地掌握"黄金三分法"。如果你能用"黄金三分法"思考的话，那你就能在很短的时间内理清思路，然后将这一想法通俗易懂地讲给任何人，也就是说，你可以成为一名优秀的专业人士。

外资管理咨询公司的咨询顾问
"横向"使用方格笔记本

你是按照什么方向使用笔记本的?

是纵向?还是横向?

你知道吗?笔记本的使用方向可以改变我们对信息的理解速度,影响我们的学习、工作效率。

外资管理咨询公司的咨询顾问们使用的不是"只见树木,不见森林"的思考方法,而是"既见树木,又见森林"的思考方法。他们可以用既把握整体(即森林),又把握重点(即树木)的方法思考。

而实现这一思考方法的大前提就是"横向"使用方格笔记本。

他们为什么要"横向"使用方格笔记本呢?

"横向"而非"纵向"使用方格笔记本是因为人的思考会受到眼睛构造的左右。由于人的眼睛是左右横向排列的,所以横向的视野比纵向的视野开阔。

其实话说回来，电视、电脑的屏幕也都是"横长方形"的。如果电脑屏幕是"竖长方形"的话会怎么样呢？你一定觉得非常别扭吧！如果电影院的大屏幕也是"竖长方形"的话，那么，人的眼睛是看不全那么大的屏幕的，只能看到其中的一部分画面，理解一部分故事情节。正是考虑到这一点，所以电影院的大屏幕都是横向的。

人的思考会受到眼睛构造的左右，所以进入视野的是"纵向"框架还是"横向"框架，能够影响人们的理解速度以及对信息的把握程度。

在把握整体情况时，需要解决的问题越复杂、参考的信息量越庞大，就越需要在短时间内迅速抓住重点。随着学习、工作层次的提升，"既见树木，又见森林"这一思考方式的重要性也就更为突显。

这时，最重要的就是运用更广阔的视野瞬间捕捉笔记本的整体内容。

而其关键就在于笔记本的使用方向。

这就是任何人都可以掌握的能使头脑变聪明的秘诀。

由于它是一个再简单不过的方法，所以做起来很容易虎头蛇尾。

但是，如果你像电视、电脑那样"横向"使用笔记本的话，那么，这将成为影响你今后学习、工作效果的可以受用一生的习惯。

立刻把自己使用笔记本的方向从"纵向"变为"横向"，切实体验一下广阔视野的快感吧！

■ 电视、电脑、电影院的大屏幕……
　所有屏幕都是"横向"的

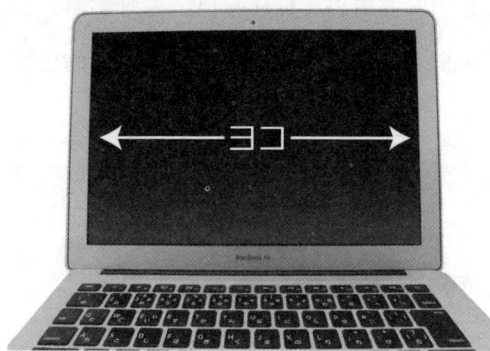

我们平日里都是用"横向"屏幕收集信息、整理信息的。

▊A4笔记本乃根本

"小笔记本"无法总结想法

我去培训笔记本的使用技巧时，总会有许多学生反映自己"不善于提炼想法""很难按逻辑性思维思考""不会言简意赅地表达"。

这时，我总会问他们一个问题。

"你用的是不是小笔记本？"

在给企业做培训的时候，我经常看到不少员工在用A6大小的笔记本或是比A6更小的笔记本记笔记。

"为何要用这么小的笔记本记笔记呢？"我很难理解，便试着询问他们这么做的理由，有人这样回答："我上学的时候使用的是从消费合作社买来的B5笔记本。可是工作以后使用笔记本的机会锐减，我觉得没必要再使用那么大的笔记本了，便开始使用小笔记本。"

还有人说："A6笔记本、记事本哪儿都能放，便于携带。"

你使用的笔记本是多大的？

笔记本的大小意味着思考能力的强弱。

如果你想提升思考问题的能力，那就马上增加笔记本的尺寸吧！

我对使用小笔记本的培训生说："你说自己不善于总结概括问题，其实只是你自己这样认为而已。说到底是因为你没有使用一个有助于总结概括问题的尺寸合适的笔记本，你之前使用的笔记本才是问题的关键所在。"

说完，我当场递给他一个A4大小的方格笔记本，让他切实体会一下笔记本大小的不同是会影响到思考方式的。

A4笔记本为商务标准

外资管理咨询公司的咨询顾问们进行输入、输出工作的基本为"A4大小的笔记本"。

理由非常简单：

·需要输入的信息量非常庞大。

·可以从收集到的信息中找出重点，便于梳理。

当然，方格笔记本就是A4大小的。

为什么是A4大小的呢？

也许会有很多人觉得："笔记本的尺寸没那么重要吧？"
可是，这个尺寸是有依据的。

因为在商务领域，A4是国际标准。

外资管理咨询公司的咨询顾问们之所以使用A4大小的方
格笔记本，那是因为他们想在平日里养成与正式工作时一样
的记笔记习惯。

棒球投手在练习场训练投球时所用的棒球大小与比赛时所
用的棒球大小是相同的。大满贯比赛的投手也是如此。

而咨询顾问们使用方格笔记本也是一样的道理。他们平时
使用的就是方格笔记本，既能提高对笔记的整理能力，又能
进行思路整理的训练。

咨询顾问们进行提案建议时，也就是他们在输出内容的时
候，都会使用国际通用标准的A4纸。既然输出要用A4纸，那输
入自然也要用A4纸，因为这样更便于两者的统一。

使用方格笔记本记录不但能够整理信息，还能更直观更形
象地展现所写的内容，所以设计师们经常将自己的记录稿作为
设计草图直接使用。同样，咨询顾问直接誊写方格笔记本上的
内容作为提案资料也是很常见的。

说起使用A4纸是为了追求视觉效果，想必很多人都会联想

到充分运用于介绍展示的演示文稿（简称"PPT"）。

近年来，不仅在商务领域，就连在大学课堂上使用PPT也已成了理所当然的事情。

而那些擅长使用PPT的人，无论在职场还是在学校都会备受好评。如果你使用A4大小的方格笔记本的话，那么，你在不知不觉中就会养成制作PPT时所需的高度概括能力。

这样一来，你的PPT制作能力日益增强，有一天，你会发现自己制作PPT的能力已完全提升了一个档次，那时，你将成为身边人不可小觑的存在，一提起谁PPT做得好，大家都会第一时间想到你。

"A4"应是笔记本的基本尺寸，这很简单，谁都可以轻松选择。

既然如此，你否也准备开始培养使用A4笔记本的习惯了呢？

▌使用的颜色"控制在三种以内"

你是否也有过用彩色荧光笔把整页纸涂得满满的,觉得这也重要、那也重要的经历?

无论是学习还是工作,学习成绩优异或是在工作中出类拔萃的人一定都是善于排顺序的人。

之所以这么说,那是因为善于排顺序的人往往善于发现要点,将主要精力集中在重点问题上,不浪费时间和精力,不做徒劳的努力,总能以最快的速度达到目的。

那么,该怎样做才能提高自己排顺序的能力呢?

答案就是"改变记笔记时使用几种颜色的方法"。

仅需如此,就可以在每天记笔记时锻炼和提升自己排顺序的能力。

最近把笔记本画得五颜六色的人越来越多。

但我要说,请小心颜色的诱惑。你带的彩笔越多,就越想在笔记本上使用更多的颜色,在笔记本上使用的颜色越多,记笔记也就成了一件快乐有趣的事情。

　　可是，使用的颜色过多，你就会觉得这也重要、那也重要，从而陷入分不清主次和先后的误区，类似的案例我见过很多。

　　为了避免这样的误区出现，请以"将使用的颜色控制在三种以内"为基本原则吧！

　　尤其是那些"记笔记时使用多种颜色""不善于分先后、排主次"的人，一定要亲自实践一下这条基本原则！

　　外资管理咨询公司有这样一条"潜规则"——使用方格笔记本记录时用单色（黑色或蓝色），检查或向客户反馈信息时用红色。

　　用黑色或蓝色书写笔记，用红色作为判断，也就是遇到非常重要或需要修改的地方时使用红色。

　　用此种简单方法区分使用颜色的话，便会在记笔记的同时自然舍弃掉无用的内容，将思考重点放在主要问题上，养成判断主次先后的习惯，逐步提高解决问题的速度和质量。

　　在外资管理咨询公司中，第一次使用黑色或蓝色，第二次，也就是进行修改或者向顾客反馈信息时使用红色的人居多。这样写的话，便可以一眼看出哪里进行了修改，瞬间找出需要向客户反馈的重点，而这正是笔记本提高解决问题速度的诀窍之一。

在东大录取生中，记笔记时将笔的颜色"控制在三种以内"的人也不在少数。

此外，畅销书《想出声朗读的日语》（草思社）的作者，现作为点评人活跃在电视屏幕上的明治大学教授齐藤孝也是"三色派"。

齐藤孝一直爱用的是一款由他亲自设计的三色圆珠笔。这款笔由蓝、红、绿三色组成，他给每个颜色制定了使用规则，以便对信息进行优先排序，并且通过平日里记笔记时的反复练习养成习惯。

颜色最多用三种。

只要能做到这一点，事后再翻看笔记时，仅看颜色就能立刻区分出主次顺序，记笔记时的思路也能在大脑中清晰重现，进一步提升信息整理和输出的效率。

▌像报纸那样标出"题目"

笔记本上部有一块空白区域，你通常会在这块空白区域里写些什么？

大多数人的第一反应是"没怎么注意过那里""没考虑过在那里写东西"等。

偶尔会听到"我曾用到那里"的回答，但是继续追问下去，也只是"好像是把标题写在那里""我会用那里写日期"之类而已。可见笔记本上的空白区域往往是不被人重视的。

可我要说的是，这块空白区域恰恰是非常重要的，甚至堪称笔记本 "最重要的部分"。头脑聪明的人往往都恰到好处地使用了这块空白区域。

麦肯锡公司的笔记本在每页纸的上部都预设了书写"题目"和"备注"的区域。

你给笔记标过"题目"吗?

聪明人的笔记本都是有条理的笔记本。

所谓有条理的笔记本,就是能够一眼看出何为重点的笔记本。

具体来说,就是每页上写有本页的主题,能够用一句话提炼出结论,让人瞬间看出这页纸记录的主要内容是什么。

而实现这一目标的方法就是"写标题"。

以报纸为例,大多数报纸的内容都相当丰富,用很小的字密密麻麻地书写,而且往往会配上错综复杂的版式,可是报纸总能让你一目了然地知道当天的主要新闻。而使其变为可能的正是报纸的"标题"。

方格笔记本也是如此,上部的空白区域是应该用来写标题的。举例来说,因为麦肯锡笔记本的上部预设了写标题的区域,所以只要看一眼这里,就可以立刻明白这一页笔记主要想表达什么。

可是,市场上销售的普通的方格笔记本并未专门预设上部的标题区域。所以,在你使用普通方格笔记本的时候,可以按照Guide2(正文第95页)中说明的那样,在纸页顶部以下3~5厘米的位置画一条线，自行设置出标题区域以备使用。

　　就像报纸不能没有标题那样，没有标题的笔记会大幅降低你对笔记的理解程度。

　　给每页笔记写标题，只需做到这一点，你的笔记便可以创造出重要价值。不管时隔多久，只需看一眼标题区域，你便可以立刻回忆起这是在哪里写的什么内容，以及由此内容得出了什么样的结论。而笔记本本身也将成为你的重要信息文件夹或是解决问题的宝库。

■ 麦肯锡的"空·雨·伞"

Check!

麦肯锡笔记本已预先设置好了"标题"区域。

Check!

标题区域应该写什么?

有没有人教过你笔记本上部的空白区域应该怎样写?

大多数人都没有相关的经历,所以并不确定到底该怎样使用空白区域,无非就是标个题目或者干脆什么也不写。

如果是记学习类笔记,那么就在上部的空白区域标出题目和重点吧!所谓题目,就是那一页笔记的主题。所谓重点,就是那一页笔记中最为重要的内容。

■ 方格笔记本与报纸相同,应该在上部 区域标出"标题",参考如下:

(参考2014年4月15日版
《日本经济新闻晨报》制作而成)

下面就以"使头脑变聪明的笔记本"为题，举例说明一下该如何整理总结笔记。如下图所示，题目写在纸页上部的左侧，总结则是将整理后的1~3条（3条以内）重点写在纸页上部的右侧。这样一来，你事后翻看笔记本的时候，便能立刻看出这页笔记主要讲了什么、重点是什么，你的笔记本也就变成了能使头脑变聪明的笔记本了。

而在商务领域，通常会在笔记本上部的空白区域写入论点和结论。

以解决工作问题的笔记本为例，"论点=问题的核心是什么""结论=这样做便可以解决问题"。

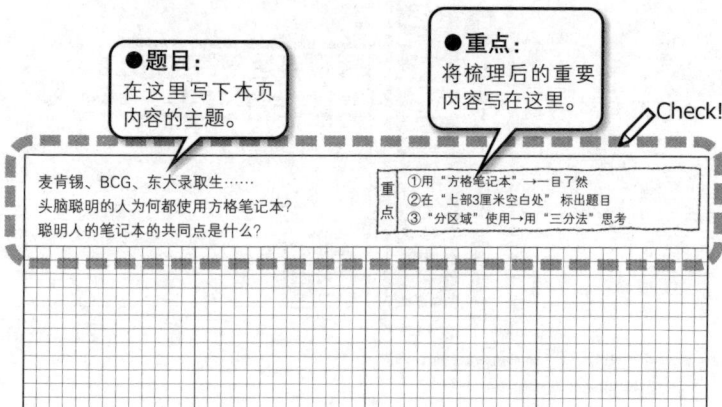

●题目：
在这里写下本页内容的主题。

●重点：
将梳理后的重要内容写在这里。

Check!

麦肯锡、BCG、东大录取生……
头脑聪明的人为何都使用方格笔记本？
聪明人的笔记本的共同点是什么？

重点
①用"方格笔记本" → 一目了然
②在"上部3厘米空白处"标出题目
③"分区域"使用 → 用"三分法"思考

标题区域应该能让人一眼看出这个信息对对方是否有价值。只需看一眼标题，就可以让对方立即明白重要的"论点=问题核心"是什么，这个论点是否能推出确切的"结论=应该怎么做"。

若能养成记笔记时标题目的习惯，那么，无论是在学习还是在工作上，都将有助于你在短时间内高效地得出结论、解决问题。

仅限一页一主题

报纸文章的特征在于每条新闻都是由一个题目（这条新闻写的是什么）和一个信息（想要传达什么）构成的。所以，仅需通过一则标题便可以轻松梳理内容。

至今我已看过约两万人的笔记，可是这些人中几乎没有人按照"一页一主题"的方法记笔记。

记笔记的时候，即使一个主题结束，最多也就是空一行或者画一条横线，然后便开始记录下一个主题。这样记笔记的大有人在，你是不是也是如此？

如果你之前没有"一页一主题"的习惯，那么，就从今天开始按照一页一主题的方法记笔记吧！

方格笔记本的优势在于它不是一个适合写长篇大论的笔记本，而是一个适合画图的笔记本。当然，适合"一页一主题"地书写也是它的重要特征之一。

此外，如果你在记笔记时能够养成写标题的习惯，那么，写标题的瞬间就会让你自然产生目的意识。也就是说，在你写标题的同时，你的笔记本也就变成了能够让你意识到落点的笔记本。

如此便可以培养梳理信息的能力和总结概括的能力，加上一页一主题，你的笔记本将变身为理解速度、检索速度超群的优秀笔记本。

小知识：

"零"秒完成PPT的秘诀：PPT制作工作外包

你知不知道麦肯锡、BCG制作PPT的工作其实是外包给印度的？

外资管理咨询公司的咨询顾问们是不会坐在电脑前制作PPT的。

他们在使用方格笔记本记笔记时便已按照"照搬笔记即可直接制成PPT"的思路思考，按照从提出问题到得出结论的步骤书写。

接下来只需在晚上将写好的笔记内容传真至印度即可。第二天上班时，印度方面便会用邮件发来制作完成的漂漂亮亮的PPT文件。

总而言之，外资管理咨询公司采用的是一种无须咨询顾问操作电脑便可以完成PPT制作的运行机制。

不仅是外资管理咨询公司，今后，日本企业的策划部、广告部、市场部、业务部等较多用到PPT的部门养成"不依赖电脑"的习惯或是按照"PPT工作外包"的模式开展工作的情况很可能会越来越多。

即使不外包，只要你使用方格笔记本记录时梳理思路、提炼内容，按照PPT的模式记笔记，那么之后你只需将笔记本上的内容照搬敲入电脑即可。

今后你也要尽量摆脱对电脑的依赖，让自己养成在方格笔记本等纸页上思考问题的习惯。

这样一来，工作的效率便可以大幅提高，工作时间也将大幅缩短。

方格笔记本+书写舒适的笔，让你记笔记时动力十足

"书写舒适度一流"的方格笔记本

就像挑选电脑、手机一样，挑选笔记本这种帮你生产知识的小助手时也需要多花些心思。

书写时笔感是否顺畅？纸质是否柔软？有没有渗漏？还有纸张的厚度以及笔记本的开合方向等都是你挑选笔记本时需要考虑的问题。

外资管理咨询公司使用的方格笔记本的书写舒适度好得超乎你的想象。

就像我前面提到的那样，麦肯锡公司使用的是他们独创的"麦肯锡笔记本"，BCG公司用的则是LIFE公司生产的方格笔记本。

顺道提一句，LIFE公司方格笔记本的售价为450日元，与100日元的普通笔记本相差350日元。换作你，你是会节省下这350日元，还是会选择"一流的书写舒适度"呢？

小气是知识生产的敌人。"一流的书写舒适度"远远比便宜更为重要！

如果你是学生，那么，350日元的差额对你来说也许比较大。可是如果你已经工作，那么，350日元仅相当于一小杯拿铁的价格，更何况这笔小小的投资还能助你拉大与竞争对手的差距，使年薪提高几个档次，难道你不觉得这350日元花得很值吗？

"好感觉"能使工作、学习变得快乐起来！
方格笔记本能"激发学习欲望"！

使用纸质好的笔记本书写时笔尖舒适顺畅，写起来就像笔尖开了加速器一样，仿佛大脑的反应速度也一下子快了好几倍。而在舒适书写的过程中，你的积极性也会越来越高。用纸质好的笔记本书写不会出现磕绊、不平整的情况，写出来的效果自然很美。

书写时的舒适度为何重要呢？因为书写舒适的话，你就会更愿意记笔记，记笔记的积极性就会提高。

没错，书写舒适度高的笔记本能使书写变成一种"快乐"，而提高大脑工作效率的关键恰恰就在于"快乐"。大脑感觉到快乐的时候，能够发挥出最大的性能。如果"记笔记=快乐"，那么工作、学习也会变得快乐，其结果也会发生巨大变化。让大脑处于舒服的状态，将大幅提高你生产知识的速度。

"书写舒适度一流"的笔

使用舒适度好的方格笔记本时需配上"书写顺畅"的笔。

让我们也按照"书写舒适度一流"的标准来挑选笔吧！

举例来说，如果是用于工作，我推荐大家使用有"黑、蓝、红"三色的百乐牌（Pilot）VCORN水笔。这三种颜色的百乐牌VCORN水笔是BCG常备的办公用品，咨询顾问们想用多少用多少。

百乐牌VCORN水笔在其他外资管理咨询公司中也有着难以动摇的高人气。

笔记本、笔是商务人士的必备工具，而对主攻学习的备考生、学生来说，也是最重要的策略性工具。

如果是用于学习，我推荐大家使用百乐牌"HI-TEC-C

中性笔",因为学习中经常需要在地图、年表、生物图表等

内填写,所以向大家推荐此款笔头超细的水笔。

百乐牌的VCORN水笔

就像作家使用定制的稿纸、设计师使用笔尖顺滑的铅笔、外资管理咨询公司的咨询顾问使用方格笔记本和百乐牌VCORN水笔一样,你在进行知识生产的时候也要以"书写舒适度一流"为重。

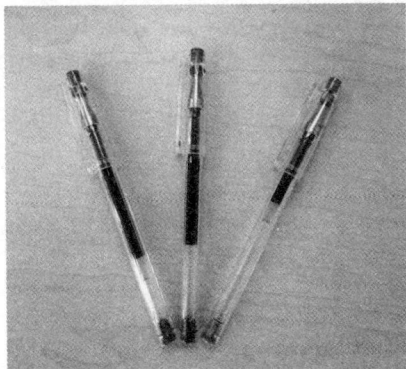

百乐牌的"HI-TEC-C中性笔"

笔记本终极秘诀=
"10000张纸法则"

当你走出校门进入社会后，使用电脑的频率便会增加，如何更有效地使用笔记本和电脑也就变得更为重要。

之前有没有人教过你该如何区分使用笔记本和电脑？

外资管理咨询公司的咨询顾问是不会轻易坐在电脑前的。

若尚未看出问题的本质和理清重点便开始使用电脑制作资料，那么做得再多也只是徒劳，因为用此种方法做出的资料往往品质低、不精练，做得再多也只是一味地堆积而已。

其实，首先要做的是用笔在方格笔记本上提炼思考。反复思考、反复提炼、反复书写，等你达到"好的，就这么定了"的状态时，再坐在电脑前誊抄。

设计师定稿前都会反复在稿纸上书写绘画，以求达到理想效果。撰稿人也是如此，他们往往会在反复书写、反复思考、反复修改的过程中寻找灵感。

外资管理咨询公司的咨询顾问也会在方格笔记本上反复提出问题，反复思考解决问题的方法，反复修改书写内容。那是因为他们认为"思考即反复改写""反复改写可实现提炼"。

最后呈现在笔记本上的图表的完成度往往是非常高的。

可是，在这完成度颇高的图表背后，确是"大量书写、大量舍弃"换来的完美呈现。

如果使用笔记本，那么修改和整理会变得非常简单。电脑中被删除的文字、画面会消失得无影无踪，可是记录在方格笔记本上的内容即使被撕去，也可以立刻找回拿起来使用。

所以当你使用方格笔记本的时候，也请尝试"大量书写、大量舍弃"吧！

优秀的外资管理咨询公司的咨询顾问是由"10000张纸法则"培养出来的。

由于某个机缘巧合，我得知了这条法则。

据说成为一名能够独当一面的咨询顾问一般需要3年时间。在这3年里，咨询顾问每天在方格笔记本上平均书写近10页，反复按照"提出问题→改善、解决问题"的思路书写、修改、舍弃。1年下来，约写下3000页，3年下来约合10000页。通过3年的反复书写、反复舍弃，才能成为一名合格的咨询顾问。

当然，这10000页笔记必须是按照"意识到框架"的记笔记
方法书写的。

在运用意识到框架的方法的同时，找出重点，标出题目，
然后按照三分法准确书写，这10000页必须严格按照此步骤贯彻
执行。

也许你会觉得"10000页好难啊"！

可我要说的是，这并不难。当你决定开始做一件事情的时
候，不要总考虑这件事有多难，而要从你比较容易做到的地方
入手。

只要你从现在开始改变你的记笔记方式，"大量书写、大
量舍弃"就可以。

只要你能每天坚持这样做，你的笔记就会慢慢进化成"能
出结果的笔记"。10000页笔记是可以在日常的学习、工作中实
现的。

改变笔记本就可以改变思路。

思路改变了，结果也会不同。好的结果能够带给你自信，
这份自信能助你走向更好的未来。

改变笔记本将会改变你的未来。

Guide ❷

使头脑越变越聪明的方格笔记本的
基本原则和使用方法

　　如前所述，你应该已经了解了"视觉效果""标题""三分法"，这三个要素就是以东大录取生、外资管理咨询公司的咨询顾问为代表的聪明人的笔记本共通点。具体来说，这三要素分别是：

　　【法则一】留出空余，行首对齐，用图、画、表等呈现"视觉效果"。

　　【法则二】在笔记本顶部3~5厘米宽的空白区域写下标题。

　　【法则三】按照"事实→解释→行动"这一"黄金三分法"记笔记。

　　这三个要素可以称为"使头脑越变越聪明的笔记本三法则"。如果你使用的是方格笔记本，那么，这"三法则"将很容易实现。

　　下面，就让我来告诉大家使头脑越变越聪明的方格笔记本的基本原则和使用方法吧！

使头脑越变越聪明的笔记本三法则
——"思考的辅助线（引导）"使记录变得简单！

方格笔记本可助你轻松实现"三法则"。

视觉效果	因为方格笔记本容易划分，所以便于在最佳位置穿插图、表、画。此外，只需顺着笔记本上的小方格线，便可以轻松绘制图画。
标题	普通白纸或横格笔记本顶部3~5厘米处很容易成为被人忽略的死角。方格笔记本则不然，只需在顶部3~5厘米处画一条横线，就可轻松做出标题区域。此举还能强化视觉效果，使整张纸都得到高效利用。
三分法	A4大小的笔记本可横向使用单页，B5大小的笔记本可将左右两页作为一页使用，这样可以使视野变得开阔。在左侧记录事实、板书，然后依次往右书写解释、做法（结论）。总而言之，就是按照基于"左侧"的事实，在"右侧"展开思考的流程书写。

当你的笔记具备"视觉效果、标题、三分法"这三要素后，就和报纸一样，大致一扫就能明白上面的内容（视觉效果），通过题目+信息读出重点（标题），通过逻辑+内容读出深意（三分法），如此一来，理解速度快、再现性高的笔记本也就制作而成了。

使头脑越变越聪明的
方格笔记本使用指引

▀▀ 使头脑越变越聪明的方格笔记本的基本结构

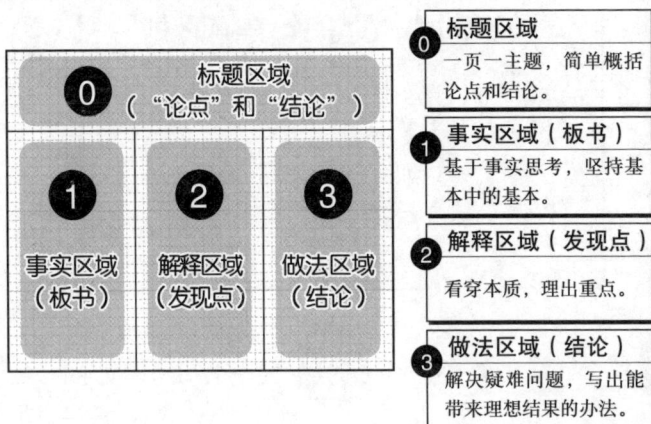

标题区域
（"论点"和"结论"）

0 事实区域
（板书）

1 事实区域
（板书）

2 解释区域
（发现点）

3 做法区域
（结论）

0 标题区域
一页一主题，简单概括论点和结论。

1 事实区域（板书）
基于事实思考，坚持基本中的基本。

2 解释区域（发现点）
看穿本质，理出重点。

3 做法区域（结论）
解决疑难问题，写出能带来理想结果的办法。

▀▀ 两种基本模式和活用示例

学习笔记
工作笔记

0
1 **2** **3**

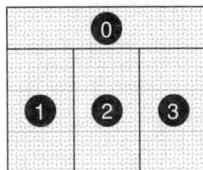

加快学习、工作中理解速度的基本模式。

博弈笔记
（演示笔记）

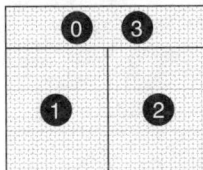

0 **3**
1 **2**

需要当场向对方画出具有说服力图画的基本模式。

可作为创意涂鸦板。

可用于绘制故事板。

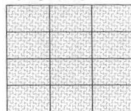

Point 1 轻松留出空白!

方格笔记本的七个美丽之处

①文字美!
·空白·行首·段落
②图解美!

Point 2 便于行首、段落对齐!

Point 3 便于书写易读文字!

Point 4 便于绘制图表!

方格纸的别称为图纸,使用方格纸可以简单、准确地画出图表。若能灵活使用方格纸上的横线和竖线,便可以轻松画出漂亮图表。

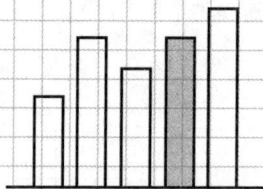

Point 5 可徒手绘制图解!

即使没有什么艺术造诣,也可沿着小方格的横边、竖边轻松画出漂亮插图。

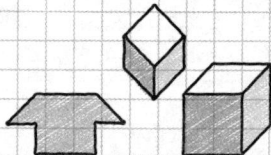

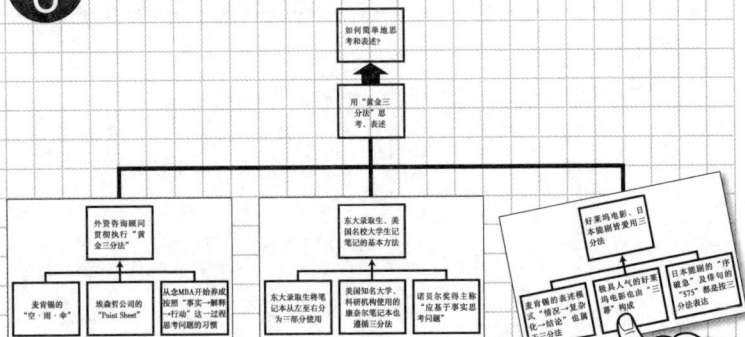

Point 6 可简单、漂亮地画出逻辑图!

Point 7 可作为故事板使用!

这是工作中频繁用到PPT的咨询达人、广告策划达人再熟悉不过的故事板。就像电影中的分格画面一样,故事板可以将思路、想法、目标更具象地展示出来,将想法视觉化,所以常用于PPT的制作。

只需沿着方格笔记本现有的横线、竖线分割,即可将方格笔记本轻松变成故事板。

简单三步！
"使头脑越变越聪明的方格笔记本"制作方法

Step 1

准备一个方格边长为5毫米的方格笔记本

步骤一是准备一个方格笔记本，这是拥有一个"视觉效果好"的笔记本的基础。

A4大小以上　书写手感一流　三种颜色以内

Step 2

画出标题线

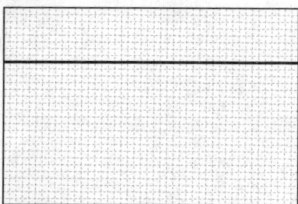

步骤二是在距离笔记本顶部3~5厘米处画一条标题线。这样一来，就制作出了上部的标题区域和下部的笔记区域。此外，还可在标题区域顶部以下1.5厘米处再画一条横线，在横线上方写"论点"，在横线下方写"结论"。

Step 3

画三分线

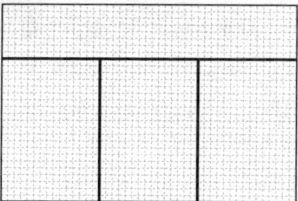

最后一步是在笔记区域画两条竖线，将其分成三等份。如此一来，可按照"黄金三分法"记录的区域就呈现出来了。

CHAPTER THREE

第三章

人生之本！
看透"学习笔记本"

█ 鲜为人知的笔记本三大功能

你还记得自己初次使用笔记本时的情景吗?

大概是在进入幼儿期的时候开始使用绘画本或涂鸦本,再到小学时开始使用Japonica作业本,从此开始了和笔记本的正式接触。

从小学三四年级开始,尤其是即将参加小升初考试,学生与笔记本的接触开始变得频繁。进入初中、高中后,单纯在学校里的学习已满足不了需求,于是开始去上补习班……

升入大学后,笔记本成了写论文的基本工具,重要程度进一步增加。

进入社会开始工作后,笔记本成为工作中重要的战略性工具。

在不同的人生阶段,"笔记本"虽有着同样的名称,但我们对笔记本的要求却在不断变化着。

我们一生都在接触笔记本,可是,不同时期、不同情况以及在不同的人生舞台,我们对笔记本功能的需求也有着微妙的变化。

了解这一点,并且能够根据不同阶段的不同情况区分使用笔记本、改善笔记本,是笔记本使用秘诀中的重要一环。

在此,让我们回到原点,重新思考一下笔记本的基本功能吧!

你知道笔记本具备"记""思""传"这三项功能吗?

笔记本经常发挥这三项功能。不过,在不同的人生阶段,或是出于不同的需求,需要我们有意识地区分使用这些功能。这是最有效、最有助于实现我们目标的笔记本使用法,也是最巧妙的笔记本使用法。

让我们按照下述划分方法区分运用笔记本的三项功能吧!

① 记忆性笔记本

上 课、研 讨 或 是
要记忆、理解学习内容
时记录的笔记,为了记
在脑子里而写的笔记。
本书将这类笔记本称为
"学习笔记本"。

笔记本的三项功能
①记忆
②思考
③传达

②**思考性笔记本**

为看出事物本质、理解重点、得出结论而写的笔记，常见于工作中。本书将这类笔记本称为"工作笔记本"。

③**传达性笔记本**

传达性笔记即能够从丰富的信息中筛选出对方所需的改善策略及解决方法，为了说服对方而写的笔记。本书将写这类笔记的笔记本称为"提案笔记本"或"博弈笔记本"。

下面，我将分章节介绍"学习笔记本""工作笔记本""提案笔记本"及"博弈笔记本"各自的使用技巧。

本章我们首先来看 "学习笔记本"，详细剖析一下最厉害的"学习笔记本"的记录方法。

其实，"学习笔记本"的记录方法并不仅对学生有用。步入社会后，还会面临资格考试、升职考试、职业技能考试以及继续接受成人教育等，类似这样希望给自己不断充电的人想必也不在少数。"学习笔记本"的记录方法对这些人也是有用的。

此外，"学习笔记本"是笔记技巧的基础。掌握"学习笔记本"的记录方法，有助于大幅提高掌握第四章"工作笔记本"及第五章"提案笔记本"记录方法的效率。

看透"学习笔记本"的方法：
首先不要再照抄板书

"我想更高效地学习！"

这是每一个人的愿望，如果是即将参加考试的学生、写毕业论文的学生的话，实现这个愿望的想法势必会更加迫切。

你觉得提高学习效率的关键是什么？

是大早上起来趁头脑最清醒的时候学习？还是在上学、上班的途中抓紧每一分每一秒学习？抑或是学习速读法、记忆法等提高大脑工作效率的方法？

这些方法似乎都挺有效果的。

但是，有一种方法会比这些方法更能提高学习效率。

那就是立刻停止"照抄板书"的行为。

用照抄板书的方法记笔记最多只可用到13岁。也就是说，升入初中后，就让这种记笔记的方式"毕业"吧！

这是因为，像"板书机器"似的照抄板书只是单纯的机械工作，很难留下记忆，并且无助于理解，是没有什么使用价值的。

你是否有过这样的经历：明明专心听讲、认真记笔记、努力学习了，可是事后再翻开笔记本回忆学习内容的时候却想不起来"这记的是什么"？

如此下去，只会单纯地消耗大量时间，无法提高学习成绩。还有比这更糟的结果吗？所以，赶快让"照抄板书"的笔记本从你的学校里"毕业"吧！

13岁开始使用"使头脑越变越聪明的笔记本"

让"照抄板书"笔记本"毕业"的理想时间是在你成为一名初中生的时候，最好是在你刚刚进入初中的时候有一个初次学习笔记技巧的机会。

就像我前面所提到的那样，我已经看过了约两万人的笔记，并且对其中的大多数人进行了"笔记技巧培训"，可是在接受我的培训之前，学习过"记笔记方法""笔记使用方法"的人数几乎为零。

笔记本的重要性根本就没有被人们认识到。

但是，我敢肯定地说：

在不了解学习方法的情况下,再怎么努力也很难取得理想的结果。所以重要的是你先明白正确、高效的学习方法是什么,先明白正确、高效学习方法的根本中的根本是笔记技巧。

如果今后将身为父母,或是你已经有了孩子的话,你可以把正确的记笔记方法教给他们。如果你是老师或是从事与教育相关的工作,那么请你一定把正确的记笔记法教给他们。

改变记笔记的方法后,学习会变得有趣,讨厌学习的孩子会变成喜欢学习的孩子。"我希望孩子能够喜欢上学习",这难道不是所有家长最大的心愿吗?

具体来说,首先要给他一个方格笔记本或是建议他选择方格笔记本。接下来就是一步一步地教给他使用方格笔记本的诀窍。

如果能在初中掌握记笔记的基本技巧的话,那将成为孩子一生的财富。这是迈向人生巨大变化的第一步。

用"空白的一秒"创造 "难以忘记的记忆"

我有一个提问：

你认为对"记忆"来说，最重要的是什么？

就拿记英语单词来说吧！通过反复书写来记忆，不，反复书写太花时间了，还是看着背吧！不，还是五感并用更有效，所以就边读边背。此外，还可以用记忆法来背，总之方法有很多。

你会选择哪种方法？

可是重点不在这里。

记忆的关键在于"用眼方法"。

仅仅改变"用眼方法"，就可以实现记忆回路的强化。

只需写一遍便能得到"永久的记忆"的"使头脑越变越聪明的笔记本"。

如果我说有这样奇妙的记笔记方法，你会相信吗？

能形成"永久记忆"的用眼方法

如果你之前是一边看着老师在黑板上写下的内容,一边原封不动地抄写在笔记本上的话,那么,请你改变一下抄写笔记时的"用眼方法"吧!

将此前:

× "看黑板→写笔记"的记录方法。

改为:

◎ "看黑板→印在大脑中→不看黑板,将印在大脑中的内容重现在笔记本上"。

不是一边看黑板一边抄写,而是在"看黑板→抄写"之间加入"印在大脑中的一秒钟"。

我把这一秒钟称为"空白的一秒钟"。

只需要这一秒钟,你的笔记本就能升级成能使大脑越变越聪明的笔记本。

当你反复使用这种方法并渐渐地把它变为一种习惯时,在你看黑板的那一瞬间,便会自动将你看到的画面印在脑子里,只需"空白的0.01秒",你便能把看到的内容默写在笔记本上。

更厉害的是，这种"用眼方法"有助于强化"永久记忆"。

刚开始尝试的时候，你也许会觉得这个方法很有难度。

但当你感到不易的时候，其实正是你应该高兴的时候，因为这是你的大脑正在开拓崭新快速记忆回路的证据。

"空白的一秒钟"的日积月累将使你产生永远无法抹去的记忆，将使你的快速记忆回路越变越宽。这意味着你正在变为头脑聪明的人。所以请你带上期望与自信，在今天迈出第一步，用"空白的一秒钟"创造"永远无法抹去的记忆"吧！

用"两页一主题"的方式
使用学习笔记本

"黄金三分法"是方格笔记本使用法的根本。

不过，学习笔记本与事后需要传达其内容的工作笔记本、提案笔记本有一点非常大的不同。工作笔记本、提案笔记本常将A4大小方格笔记本的一页三分后横向使用。而学习笔记本，我建议大家将B5或A4大小笔记本的左右两页作为一页使用。

这是因为学习笔记中需要记录的新知识、新信息的量比较大，单页的A4纸往往很难记下。一节课的时间是50~90分钟，要想把一节课的学习内容记下来，就需要有与之相匹配的足够空间。

为了避免"写到一半就写不下"的情况出现，还是在开始记之前预留出左右两页纸一并使用的好。

将A4或B5大小的方格笔记本左右两页并作一页使用的话，就会形成较大的记录区域。在这块较大的记录区域尽情书写，越写越舒畅！

这块较大的记录区域应该按照黄金三分法来使用。

首先，纸页顶部3~5厘米的空白区域为记录"题目"和"重点"的标题区域。"题目"用来记录这是一篇关于什么的讲义，"重点"则用来记录需要掌握的主要内容。

这样一来，在日后翻看笔记的时候，只需看一眼标题区域，就可以快速了解这篇笔记讲的是什么、重点是什么。

■ 用将左右两页并作一页的方法使用方格笔记本

如果是在考前,只需扫一下重点内容,着重理解一下未理解透彻的地方,就可以快速高效地完成考前复习。

将左右两页并作一页使用时应该按照如下方法进行黄金三分法的划分:从左往右将两页纸三等分。

经三等分分出的三块区域分别是左侧的"板书区域",中部的"老师点评、自己的所思所想区域"以及右侧的"解决疑问、总结概括区域"。

通过分割线预先将方格笔记本分成三等份,就可以轻松地按照"黄金三分法"记笔记了。

能驾驭好"中部区域"的人，即可驾驭好学习

　　"学习笔记本"的重点在于方格笔记本正中间的"中部区域"的使用方法。

　　应试类学习，为提升工作技巧的学习，为通过资格考试的学习，为实现晋升的学习……关键在于学习笔记本的"中

■ 掌握学习关键所在的"中部区域"

部区域"。

可以说，能驾驭好"中部区域"的人，即可驾驭好学习。

中部区域是记录老师点评和自己所思所想的"发现区域"。

就拿历史课的笔记举例来说吧！

课上你在记录老师板书的时候，突然对老师的板书、讲解产生了疑问或是注意到了某个重点内容，这时，就需要把疑问和想到的内容写在"中部区域"内。

这些"发现"预示着老师讲的内容已转化成了你自己的东西。你是否会在听课的过程中发现什么？发现以后，你又是否能将其很好地记录、总结在"中部区域"内呢？

你的这些做法将决定你的学习效果是否能发生重大改变。

"善于发现的人能进步"，
这是真的吗?

常说"善于发现的人能进步"，而"发现"也常被人们认为是表示"头脑变聪明"的晴雨表。"发现"的确很重要。但是，仅靠"发现"是无法提高学习成绩的。

重要的是，发现之后，你会怎么做?

发现之后，你是否能将"发现"转变为"故事"?

这一点，将决定你的学习能否取得进步。

"能否将发现故事化"才是关键。

这不仅是对学习而言，在工作上也有利于善于"发现"的人，以及能够将"发现"故事化，使其与行动、结果联系在一起的人。这两种人会在工作上取得截然不同的成绩，而且两者的差距会随着时间日益增大。

能将"发现"转化为故事，无论在学习还是在工作上，都是强者所需具备的能力。

在进行笔记指导时我看了很多人的笔记本，偶尔也会出现"哇，这个笔记本与别的大不相同"这种令我惊喜的笔记本。

　　简而言之，就是"能带来身临其境之感的笔记本"。看到这种笔记本的瞬间，重点内容飞入眼帘，就像漫画似的将故事情节展现在眼前，让你体会到笔记的作者在记录笔记时的积极与热情。

　　头脑聪明的人的笔记本里有"故事"。

　　日后再次翻看，依旧能身临其境般体会到其中的故事。

　　这种理想的"笔记本"，接下来将由你书写。

将"发现"故事化的
决定性因素是"逻辑连接词"

使"学习笔记本"向理想型笔记本靠拢的决定性因素之一就是我前面所介绍的"中部区域"。

而另一个决定性因素就是"逻辑连接词"了。

逻辑连接词就是在表示逻辑关系时使用的连词,它在将笔记本中部区域的"发现"故事化方面发挥着举足轻重的作用。

逻辑连接词的使用有两个要点:

①使用适合自己的逻辑连接词。

②逻辑连接词要和"三种箭头"搭配使用。

使用适合自己的逻辑连接词

头脑聪明的人一定使用的是"自己的语言"。

所以,也请你养成用适合自己的语言来表达的习惯吧!在表达逻辑关系时,在将发现故事化时,请像搭配西服和衬衣一样,一定要"试穿"一下,然后选出适合自己的逻辑连接词。

比如想表达"为什么"时,有些人会觉得"为什么呢"比"为什么"更便于进行思考,有些人会觉得"为什么呀""为什么啊""这是为什么呢"等更便于使用。

那么,该怎样找到最适合自己的逻辑连接词呢?在"试穿"语言时,请问一问自己的心,用身体感受。

首先,请在心里默念几个备选表达,你会立刻明白哪个是属于自己的。这是因为你会对不适合自己的词语产生微妙的不适感。

■ 逻辑连接词的种类与用途

目的	逻辑连接词	用途
总结	可总结为…… 总而言之…… 总之……	和表示"总结"的箭头组合使用会更有效果。是将所写内容进行概括总结时使用的连接词。
展开	这是因为…… 具体来说…… 因此……	用办法具体化时的"因此""具体来说"来展开"故事情节"。
强调	其实…… 重点是……	与表示"强调"的箭头组合使用更有效果。可使用三角形或圆点,也可三角形加"其实"一并使用。
换个角度	如果…… 假如你是那个人的话……	转变看问题的角度或发现新观点时使用的连接词。

　　使用适合自己的逻辑连接词可以提升大脑的反应速度，反之，使用不适合自己的逻辑连接词则会影响大脑的反应速度。

　　就像穿着自己喜欢的衬衣和西服一样，也请使用适合你自己的逻辑连接词吧！

逻辑连接词要和"三种箭头"搭配使用

　　搭配使用"逻辑连接词"和"三种箭头"的话，可以一举将自己的笔记本提升为"使头脑越变越聪明的笔记本"。

　　虽然仅使用"逻辑连接词"就已经能达到比较好的效果，但如果还能搭配使用"箭头"的话，就可以将简单的信息和内容用更具视觉效果的逻辑性连接在一起，使其如"故事情节"般展现在眼前。

　　做法很简单。

　　这三种箭头分别是表示"展开、总结、强调"的箭头。

　　从板书区域向中部区域画一个"展开箭头"，并且在箭头上方标明逻辑连接词。

　　然后从中部区域向解答疑问、概括总结区域画一个箭头，也要在箭头上标明逻辑连接词。

按照这种方法记笔记，日后翻看笔记本时的"再现性"是和之前大不相同的。你回看笔记本的时候能够一眼看出不同的箭头，与此同时，还能根据箭头上方的逻辑连接词瞬间明白"展开、总结、强调"的重点。

■ 三种箭头的使用方法

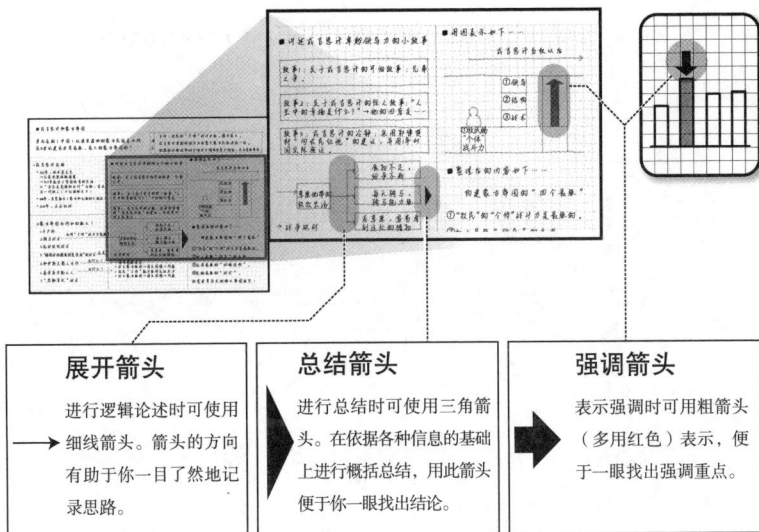

展开箭头

进行逻辑论述时可使用细线箭头。箭头的方向有助于你一目了然地记录思路。

总结箭头

进行总结时可使用三角箭头。在依据各种信息的基础上进行概括总结，用此箭头便于你一眼找出结论。

强调箭头

表示强调时可用粗箭头（多用红色）表示，便于一眼找出强调重点。

在展开思考时，虽然有人会使用箭头，但至今为止，我还未看到有人一并使用箭头和逻辑连接词的。

可是，自从同时使用箭头和逻辑连接词后，所有人都会对这种记录方法连声赞扬。

"我这才发现自己之前的思考是多么模糊。"

"真没想到我再次回看笔记本时，记录笔记时的情景还能历历在目。"

"用这么简单的办法就可以提升逻辑思维能力。"

所以，也请你一定试一试，亲身体验一下这种方法的实际效果。

在笔记本右侧的"概括总结区域"写解决问题的"要点"

　　"学习笔记本"中最重要的一点就是要会灵活使用右侧的"概括总结区域"。

　　近来，考试的重点已转变为对学生思考力、使用能力的考察。

　　真正会学习的人是"善于应用的人"。

　　而善于应用的前提是"提问能力"和"概括能力"。

　　想必不用我说大家也能知道，具备"提问能力"和"概括能力"的人一定是善于在工作中发挥出实力的人。

　　所谓"提问能力"，就是得到某个信息后并不会直接一口吞下，而是会提出类似"这到底是什么意思""为什么会这么说"之类问题的能力。

　　所谓"概括能力"，就是能看透事物本质，并且将梳理后的重点内容记在脑子里，然后简单明了地讲给别人听。

　　要想锻炼出强韧的肌肉，每天的肌肉锻炼是必不可少的。"提问能力"和"概括能力"的锻炼也是如此。

　　为了强化这两种能力，每天的脑力训练是不可或缺的。每天记笔记时，都需要在笔记本右侧的"总结区域"写下"要点"和"疑问点"，并且想出解决疑问的办法。这是锻炼大脑的最有效训练。

　　虽然这么说听上去有些矛盾，但是，如果你没有完全理解所记内容的话，你是提不出任何疑问的，也就是说你提不出疑问其实是因为你根本就没有理解。

■ 右侧区域特写

哈佛大学的教育项目
更注重"理解力"

"多元智能理论"是由美国哈佛大学教育研究院心理发展学家霍华德·加德纳提出的，他认为教育的目的在于"更深层的理解"。不仅如此，他还断言今后能生存下来的是"善于理解的人"，是"能够将理解传达给他人的人"，指出"理解力"的重要性。

加德纳博士曾长期担任哈佛大学教育项目"零点项目"的核心成员。这个项目在长达20余年的时间里就"理解教育"进行了多项研究。

这里所说的"理解力"指的是"明白、掌握、传达"的能力。也就是说，所谓理解力，就是能把获取的知识和信息转化为实际行动，并能简单易懂地将其传达给其他人的能力。

那么，"理解力"的关键点是什么呢？

那就是"能够清楚地区分自己理解的地方和不理解的地方"，然后当场把"不理解的地方"，也就是"疑问点"解决掉。

在看了约两万人的笔记本后，我发现那些善于学习的人或是头脑聪明的人都能清清楚楚地区分"能够理解的地方"和"不理解的地方"。而且对于不理解的地方，他们都会立刻采取行动解决疑问。

这里的行动可以是询问老师，也可以是上网搜索，或是询问相关知识领域的人，等等。

将行动变为你笔记本的"出口"。善于学习，长大后善于工作的人的笔记本都是有"出口"的，这个"出口"，将引领你朝着更光辉灿烂的未来飞去。

记笔记时要
有意识地总结概括

如何在有限的时间里取得更大的成果?

虽然应试学习是其中一个典型的例子,但平日的学习和工作也是如此,一天只有24个小时,该如何在相同的条件下与人一较高下呢?

用逻辑连接词、三种箭头来提升笔记本右侧"总结区域"的记录技巧的话,"总之""结论是"等概括总结的能力将大幅提升。

掌握了这一点,你将不再需要进行大量的知识记忆,只需掌握几条重点即可,你的学习效率、效果也会产生质的飞跃。

用"三点"概括总结

学习笔记本右侧的总结区域里,写的应该是堪称"最想说的""最重要的结论"等重点内容。而在笔记本顶部的空白区域，应该将这些重点内容进一步整理为"三点"。这样一来，只需像看图一样看一眼笔记本上部的标题区域，就可以立刻明白这篇笔记最重要的"三点内容"。

"笔记本归纳"的理想状态正是如此。

如果你从学生时代起就常常把"总之"挂在嘴边，那么记笔记时，也请养成有意识地将"总之""重点是这三点"装进脑子里的习惯，这样一来，不但你的学习成绩会大幅提升，等你进入社会后，"总之"和"重点是这三点"还能助你轻松找出工作重点，被人大加褒奖"这人的确有两下子"！

Check!

如果你已进入社会，那么就请将"学习笔记本"的记录方法尝试着用在工作上吧！因为你有记笔记的经历，所以应该很快就能掌握，也会有利于你掌握下一章中 "工作笔记本"的记录技巧。

下面，让我们来看一个具体的活用示例吧！

■ 成吉思汗和蒙古帝国

身为金朝（中国）权表来源地的蒙古民族是如何
在13世纪建成世界最强、最大的蒙古帝国的？

> 重点
> 当时，牧民的
> 成吉思汗卓越
> 把握好战略结

---

1. 成吉思汗出场
- 1162年，铁木真出生
  →父亲也速该被毒害
  →从9岁起过上贫困艰苦的生活
  以"自己是苍狼的后代"为傲，成长
  为一代伟人（《元朝秘史》）
- 1206年，忽里勒台（蒙古和元朝的大朝会）
- 1220年，正式征战

2. 蒙古帝国为何如此强大？
  1. 千户制
  2. 骑马战术 ——— 为何"个体"战斗力最强？ →草原他源的 牧牧生活
  3. 流动进攻战术
  4. "确保战地粮食物资供给"的战术 这是？ → 战争规则
  5. 和伊斯兰商人合作 —— 为什么？ → ✓确保商路安全
  6. 善用有才能之人 —— 为什么？ → ✓牧民"个体"能力都元组织力
  ✓扩大蒙古版图→消灭国境→利益
  7. "恐怖军队"战术 → ✓牧民"个体"能力都元组织力
  ✓扩大蒙古版图→消灭国境→利益

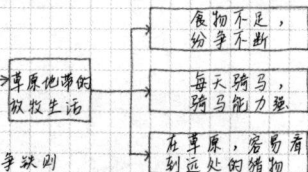

■ 讲述成吉思汗卓越领导力的小故事

故事1：关于成吉思汗的可怕故事：兄弟之事。

故事2：关于成吉思汗的惊人故事："人生中的幸福是什么？"→他的回答是……

故事3：成吉思汗的谷辞：采用耶律楚材"向农民征税"的建议，并用1年时间实际验证。

→ 食物不足，纷争不断

→ 每天骑马，骑马能力强

→ 在草原，容易有到远处的猎物

●用箭头+逻辑连接词的
方法展开
记录板书，将"这是什么"
"为什么"等发现用逻辑连接
词扩展开来，加深理解。

●使用好中部区域
在参考板书的基础上，将与史
实相关的小插曲、疑问等写在
这里，并且用自己的语言进
行整理，进一步加深理解。

"个体"战斗力强，潜力巨大。
的领导力使整个蒙古民族团结一致。
构=战术+组织力+情报收集力+税收，成为最强帝国。

■ 用图表示如下……

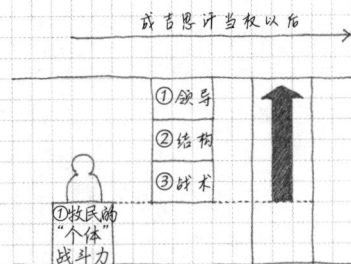

成吉思汗当权以后

①领导
②结构
③战术

①牧民的
"个体"
战斗力

■ 整理后的内容如下……

构建蒙古帝国的"四个最强"

①"牧民"的"个体"战斗力是最强的。
②加上最强"领导"的出现。
③运用最强的"战略结构"。
④实施最强的"战术"。
改变世界历史的伟大帝国诞生！

● 活用顶部3~5厘米处的空白区域②

最后，在右侧3厘米处的区域内用三点概括本页笔记本的内容。

● 用示意图体现视觉效果

通过板书→发现，将自己理解的内容示意图化，以此加速理解，使记忆更持久。

● 在右侧区域进行概括总结

在"板书→发现→加深理解"之后，简单概括和总结"重点是什么"。

方格笔记本的
使用示例

1

《学习笔记本篇》

小知识：人一生需实现三次笔记本的进化，
从13岁开始的笔记本进化论

　　就像人生分为不同的阶段一样，笔记本的进化也需要时机。

　　一般来说，我们会在升入小学前后将幼儿园时期使用的涂鸦本、画画本换为Japonica作业本，在升入初中时再将作业本换为带格线的大学笔记本。

　　从13岁开始，我们的身体发生变化，大脑的功能也会大幅提升。在这些变化出现时，别忘了让自己的笔记本跟上成长的速度哦！

　　将原来照抄老师板书的小学时期的笔记本改变为"由自己思考而成的笔记本"，改变为"方格笔记本"。

　　当你开始产生自我意识、开始思考自己未来的同时，也要开始掌握用自己的双手把握未来的学习能力。为了不错过这一大好时机，这时你需要开始使用能激发自己能力的笔记本。

　　13岁是你更换笔记本的第一个时期，这时的你会对笔记本有一个初步的认识。下一个时机则在22岁，也就是在你刚刚步入社会开始工作的时候，这时需要把你的笔记本提升为"工作笔记本""懂得取舍的笔记本"。而下一个提升笔记本的阶段则是在人生最需要拼搏的时期，也就是28岁前后。这时你已经积累了一定的社会经验，工作也步入正轨，所以需要你把笔记本提升为"提案笔记本""博弈笔记本"。

　　在一步步提升笔记本的同时，你的人生舞台也登上了一个又一个崭新的台阶，请向更高更远的台阶迈进吧！

CHAPTER FOUR

第四章

工作笔记本是
"懂得取舍" 的笔记本

成年人使用
笔记本的目的是"舍弃"

接下来，你由学生变为了职场人士。成为一名职场人士后，就像你会脱下校服换上西服一样，你还需要将笔记本提升到商务规格。"不是说学生时期的笔记本就是工作后要使用的笔记本吗？难道不一样？"大学生以及刚刚步入职场的新人常常会问我这样的问题，我的回答是："当然不一样。"

学生时期的笔记本是为"积累知识"。

与此恰恰相反，步入社会后使用的"工作笔记本"是为了"舍弃"。

没错，职场人士的笔记本是用于"舍弃"的。工作要求我们做的不是收集更多的信息，而是得出"一个结论"。得出结论需要的是"舍弃"的能力。

工作中要面对的信息量是很庞大的，其中既有公司的信息、竞争对手的信息，还有有关社会、世界形势的信息，但这些都要受到预算、交货时间等条件的约束。

　　而从这些庞杂的信息中迅速找出与结果相关的重要信息并经整理得出结论，是商务工作的基本任务。

　　商务人士的笔记本就是为了实现这一日的而使用的工具，而它被期望实现的最大功能便是选出应该"舍弃"的信息。工作笔记本是为了舍弃而存在的。

　　不仅如此，培养"舍弃力"的最佳地点便是"笔记本"。

　　用方格笔记本的三分法记笔记，可以有效整理眼前扑面而来的信息和大脑中涌现的繁杂信息，得出一个结论。

　　不过，会的人和不会的人完成这一过程的速度和准确度是大不相同的。

　　但是，会的人也并不是一开始就会使用"勇于舍弃的笔记本"的。就像肌肉训练需要每天的不懈锻炼一样，笔记技巧的掌握也需要每天按照"记笔记→舍弃→得出一个结论"的步骤进行反复练习。

　　所以，只要你从第一步做起就可以。赶快用自己的"工作笔记本"培养自己的"舍弃本领"吧！

30岁仍在工作上毫无起色的人
都是被"代谢不良的笔记本"害的

你平时去书店吗?

我去书店的时候,常看到一些有关"笔记本使用技巧"的杂志和书籍。其中常会提到下面这段内容。

"起初不用为了整理而记笔记。"

"只要简单记一下就可以。"

"想怎么记就怎么记。"

进入社会开始工作后,对记笔记的热情大幅提升,却迟迟得不到理想的效果。"到底是哪里出了问题呢?"抱有同样烦恼的人一定都在心里问过自己这样的问题吧!可是我要说的是,花言巧语往往是危险陷阱。

大多数人都没有机会看到外资咨询顾问等优秀人士的笔记本,所以才会说出"不整理笔记也OK""只要简单记一下就可以"之类的话。

其实,我也曾是其中一员。20岁出头时,我也掉入了"无须整理，想怎么写就怎么写"的陷阱之中。

所以刚上班的头几年，我只换来了一堆这也记、那也记的"代谢不良笔记本"。

"这也记、那也记""先记下再说""说不定以后会用到"都是笔记本的禁语

"舍弃"的反义词是"代谢不良"。

而与"勇于舍弃的笔记本"相反的便是"代谢不良的笔记本"了。

所谓代谢不良，其实是"代谢不良综合征"的缩略语，"代谢不良综合征"是成年人疾病的温床，主要指多余的皮下脂肪堆积的身体状态。

"代谢不良笔记本"是不分有用信息和无用信息、什么都往上写的、不进行整理总结的"阻碍能力发挥的笔记本"的典型例子。

就像肥胖是由大量无用的皮下脂肪堆积造成的一样，代谢不良笔记本也是由无用内容的堆积造成的。要区分是否属于"代谢不良笔记本"，只需打开笔记本，看看能否一眼找出

"论点和结论"等重点内容即可。

如果这也记、那也记的话，那么不知不觉中，笔记本中的"结论和论点"就会变得模糊，什么是"该舍弃的无用信息"，什么是"应该留下的重点内容"，也会变得难以区分。

"这也记、那也记""先记下再说""说不定以后会用到"……按照这样的想法记笔记的话，记在笔记上的信息日后被使用的概率几乎为零。

上学时，每节课的时间是固定的，每节课的学习内容都会由老师写在黑板上，所以那时我们所获得的信息大都是被整理好的。

可是上班后，我们在职场中会遇到庞杂的网络信息，频繁召开的会议，堆积如山的文件，大量的会议、谈判、培训，等等，甚至还会有用平板电脑看PPT的情况。遇到这些情况时，如果不能快速记录的话，将很容易错失良机。

就像我刚才说到的那样，获取信息的情况已在这时发生了巨大的变化。

工作后，也就是长到20岁以后，我们的笔记本很容易出现"开始发胖"的迹象。

如果到了30岁还没把自己的笔记本提升为"勇于舍弃的笔

■ 代谢不良笔记本的示例

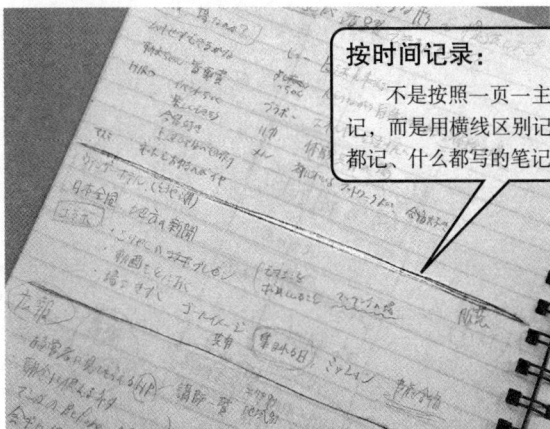

按时间记录：

　　不是按照一页一主题的方法记笔记，而是用横线区别记录时间，什么都记、什么都写的笔记。

"视觉效果突出的笔记本"也会成为"代谢不良笔记本"：

　　本来"视觉效果"是可以为笔记加分的，可是如果不按照笔记本的格式胡乱记的话，反而会使笔记本变成"代谢不良笔记本"

记本"，还没改变"代谢不良笔记本"这种记笔记习惯的话，那么你将很可能成为一名工作永无起色的小白领。

生活日志（将自己工作、生活、隐私等写在笔记本上或记在电脑里）等按自己兴趣记录的笔记虽然可以随心所欲，但工作笔记还是尽量做到简洁明了、条理清晰吧！

工作笔记本的秘诀是
"整理术"

你是否常在电视、杂志上看到"收拾法""整理术"等相关特辑呢?

近期,很多人都在积极提倡将生活空间整理得简洁有序的"收拾法""整理术"。

为什么会有这么多人关心"收拾法""整理术"呢?

这是因为整理生活空间以及整理过程中对想法的梳理都能使我们过上更舒适的生活。

笔记本也是如此。

"收拾法"和"笔记本"的原理是相同的

畅销书《舍弃的技术》(辰巳渚著/宝岛社)中提到"'先记下来再说,说不定什么时候能用上'是禁忌语",并且断言"根本没有这样(能用上)的时候"。

　　直截了当地说，整理术和收拾法的关键就是将"舍弃"发挥到极致。

　　要想保持生活空间的井然有序，就要从"舍弃"开始，由"舍弃"结束。拥有舒适生活的人都是习惯性"舍弃"的人。

　　而职场达人也是如此。他们会在接收信息的同时一边"舍弃无用的信息"，一边理顺思路。

　　为了实现这一点，使用一种便于整理的笔记本就变得尤为重要。而便于整理的笔记本当然就是"方格笔记本"。

　　使用方格笔记本，可以尽情地"舍弃"。这是"使头脑越变越聪明的笔记本"的根本。如果能一边筛选有用和无用的信息一边记笔记的话，那么，你的笔记本将成为条理清晰的笔记本。与此同时，你的思路也会非常清晰，思考变得顺畅，很快得到想要的结论。

在笔记本上练就商业思维

　　信息是分新鲜度的。刚听到、刚获得的信息新鲜度最高，这时我们可以以最快的速度判断出这是否是解决问题的必要信息。此刻大脑反应的灵敏度便可以称为"商业思维"。

如果没有整理意识，什么都往笔记本上写的话，就练就不了灵敏度。

"不需要整理""先记下来再说"这样的话是职场人士的禁忌语。因为这些话会让你失去练就商业意识、提升自身能力的机会。

相反的，我们应该养成在记笔记的同时，快速思考"这个信息是否有必要记在笔记本上"的习惯。只要意识到这一点，你的商业思维便会提升一大截，而你也会变身为一位职场达人。

接下来，就让我来告诉你提高"舍弃技术"和"战略性舍弃技术"的方法吧！

战略咨询顾问的
笔记本也是"战略性"的

有100舍99的战略咨询顾问

在东大录取生、MBA（工商管理硕士）学位持有人中，最具人气的就职目标就是外资管理咨询公司。而在麦肯锡、BCG、博思艾伦等知名外资管理咨询公司中被称为顶级人气职位的非战略咨询顾问莫属。

战略咨询顾问所写的笔记，说是在写完笔记的同时得出解决问题的战略绝非言过其实。

他们为何能写出这样的笔记呢？

最大的原因便在于他们将"舍弃技术"发挥到了极致。就算重要的点有100个，他们也能快速地看出其中最重要的"1点"，发现100中的"1"。

然后干脆利落地舍弃剩下的"99"。那么问题又来了，他们为何在舍弃"99"的情况下还能出色地完成战略制定呢？

请你联想一下打保龄球。打保龄球时，若想取得高分，我们一般都会瞄准正中间的那个球瓶。而制定战略也是如此，只需找出中心球瓶，然后朝中心球瓶抛击即可。

如此一来，我们便可以一举击倒所有球瓶。

关键词是"从论点开始"

原BCG全球副总裁、早稻田大学商学院教授内田和成所著的《论点思考》（东洋经济新报社）以及曾任麦肯锡顾问的雅虎首席运营官安宅和人所著的《麦肯锡教我的思考武器》（Issue Driven，英治出版）都是围绕咨询顾问"提问力"这一主题写的书。

　　此外，还有《3分钟问出你想要的答案》（原书名为《咨询顾问的"提问力"》，野口吉昭著/PHP研究所）等，由此可见，对咨询顾问而言，"提问力"是他们的一项重要武器。若能掌握提问力，变身为提问达人的话，那么你将轻松甩开无用的思考，快速、精准地得出结论，帮你在学习或工作上取得好成绩。

　　其实"论点"就好比我前面提到的保龄球的中心球瓶。

　　记笔记时，如果已经看出相当于保龄球中心球瓶的"论点"的话，那么直接记上即可。可是，在商场、职场之中，"论点"往往是不明确的。所以记工作笔记时，需要我们具备找出保龄球中心球瓶（论点）的能力。

Column

小知识：

为何要用蓝色笔？不列颠哥伦比亚大学副教授称

"蓝色利于激发创造性，红色利于提高准确度"

"为什么要使用蓝色笔呢？"

有一次，我发现坐在我旁边的某外资咨询顾问用蓝色笔在方格笔记本上书写，那鲜艳的蓝色格外夺目。

从那以后，我见到多位用"蓝色笔+方格笔记本"这种搭配方式记笔记的咨询顾问。我问他们："为什么用蓝色笔？"他们给出的只是"舒服""便于思考""黑色怪怪的"等感觉层面的回答。

人类的思考、行动是能够被眼睛所看到的颜色影响的。改变房间的颜色、服装的颜色，心情也会随之改变。

而学习和工作也是和颜色相关的吧！我对一篇论述知识生产和颜色之间关系的论文颇感兴趣。

这篇论文是由不列颠哥伦比亚大学副教授写的，最先发表于学术杂志《科学》（Web版），后于2009年2月6日被《纽约时报》Web版转载，论文中提出"蓝色利于激发创造性，红色利于提高准确度"。快快体验一下"方格笔记本+蓝色笔"这一搭配吧！

知识生产受情绪的影响很大。如果想具有创造性思维的话，那么请使用"方格笔记本+蓝色笔"，亲身体验一下蓝色带给你的视觉刺激以及由此产生的特别效果吧！

用方格笔记本提升
"提问力=询问力"

那么，该如何正确地设定论点呢？捷径中的捷径便是"询问"。这里所说的"询问"指的是向顾客、客户或上司等工作上有交集的人进行确认。

外资管理咨询公司的咨询顾问常被比喻为企业的医生。去医院看病的患者走进诊室后，医生会先问患者"你哪里不舒服"，然后再问一些这样那样的问题。这就是被称为"问诊"的诊疗环节之一。

高水平的医生会一边问诊，一边了解患者疾病的状态、程度以及思考相应的治疗方法，问诊结束后，便已经得出了想要的结论。

而外资咨询顾问也会一边进行"问诊"，一边参照咨询重点，找出论点。外资咨询顾问的问诊就是向客户企业提出各种各样的问题。通过询问寻找问题点，一边听一边思考"治疗方法"，从而找到问题的改善、解决办法，然后向顾客提出解决方案。

"问"是商务活动之本

这并不仅限于咨询类的工作，销售类工作、策划类工作的流程也是如此。

如果是销售，那么就要询问客户所需要的产品规格、价格、交货日期等，并在此过程中把握商谈的重点。

如果是广告公司，当他们收到广告需求时，肯定会先询问顾客，了解顾客的想法、观念以及想达到的广告效果。

又好比你去拉面店吃面、去面包房买面包，或是叫外卖，一切商业活动、一切买卖都要先了解"顾客真正想要的是什么"，也就是说，"问"是商务活动的根本。

可以说"工作=从向对方的提问中找出答案"。

也就是说，工作的第一步是向对方详细确认"问题是什么"。通过彻底地"询问"，找出对方的问题点在哪里，看出解决问题的方向。

还有人说"工作=沟通能力"，而沟通能力的原点恰恰就是"问"，这也是我们常听到的一句话。

　　如果你还是学生，那么你可能会想"问有这么难吗"。实际上，"问"的确是一项非常难的技能。在电视上担任评论员的阿川佐和子所著的《提问力》（文艺春秋）一书奇迹般地创下了百万销量，可见很多成年人还是对提问很苦恼的。

　　但是，这个看似难度颇大的"询问"却被外资咨询顾问们玩弄于股掌之间，而方格笔记本在确定论点等方面发挥的巨大效用更是不必多说。

让方格笔记本
帮你变身为"提问达人"

那么，该如何将发现的论点发展为"提问力"呢？使用方格笔记本便是解决这一问题的重点。

使用方格笔记本记笔记的话，你也可以在每一天的记录中锻炼"提问力"。

前面我已说过，用方格笔记本记笔记，"标题区域"是必需的。此外，"一页一主题"也是使用方格笔记本的重要原则。

那么，如果也能按照一页一主题的方式记笔记的话，你的笔记本就可以变身为能锻炼"提问力"的笔记本。

写入标题后，你的脑海里便自然而然地冒出一个又一个小问号——"为什么是这个标题呢？""这个标题的答案是什么呢？"

而将问号进一步发展下去的便是"提问力"。也就是说，养成使用方格笔记本这一习惯的同时，其实也练就了"提问力"。

好比我们每天都要走路，如果想养成每天听30分钟英语的新习惯的话，那么，首先要寻找一个合适的步行地点，然后准备好一个可以边走边听的类似iPod的工具。

同样，要想具备"提问力"的话，也要拥有合适的环境和工具。这个环境就是方格笔记本，这个工具则是"标出题目、确认论点的一页纸"。

■ 养成在方格笔记本"标题区域"确认论点的习惯

确认论点：
通过"询问"和"确认论点的三分钟"来归纳应该得出答案的论点。

Check!

"确认论点的三分钟"
可改变你的职业生涯

下面我将向大家介绍两种情况，一个是上司或客户向你提出制作文案的需求时，另一个是你向别人提出制作文案的需求时。前者需要你通过询问"确认论点"，后者则需要你"明确提出论点"。

情况1：当你被别人要求制作文案时，请养成"用三分钟确认论点"的习惯。

假设你进入职场后，你的领导或客户请你制作一份文案。

对方只对你说下次开会之前，请做一个什么样的草案出来。

"这也太模糊了吧！"这一定是你的心声吧！

可是，大多数时候你都会"按照大概的理解"立刻坐在电脑前开始方案的制作。

当你把做好的资料交给领导或客户时，常会被对方评价为："这是什么啊？完全没有做出我想表达的内容。"

结果往往如此……

这是因为你与上司或客户心中所想的"论点"是不同的。

而防止这样的情况发生的关键在于你是否有"用三分钟确认论点"。仅此一点而已。

这时，你应该主动向对方说："不好意思，麻烦占用您三分钟时间，和您确认一下论点。"

用这三分钟确认对方的想法是什么，想表达的论点和重点是什么，希望制作的文案的大概轮廓和大致印象是什么。

使用方格笔记本，用三分钟与对方确认论点。只需掌握这两点，你便可以快速高效地完成一份高质量的文案，使上司、客户及周围的同事对你不敢小觑。

所以用好这三分钟，只需用这三分钟。请你一定养成这个习惯，养成这个能提升你职业水平的简单习惯，它就是"用三分钟确认论点"。

情况2：如果你是上司的话，请在方格笔记本的标题区域预先写好"论点"后再交给部下。

假设你是某个部门的负责人，而你的部门刚被分来了一位新人。在职场中，培育新人也是一项重要工作。

为了看一下新人的水平，你让他随你一起见客户，回公司后，你对他说："请你制作一份今天拜访客户的报告书吧！"

这时，这位新人一定会很为难吧！不仅如此，因为是新人，恐怕尚不具有"提问力"，所以他应该不会问你"该怎样做出一份什么样的报告呢"。

如此反复下去的话，培养出一名得力部下不但会花费很长的时间，而且新的部下还不一定会按照你期望的方向发展。

如果是一位优秀的上司，那么，当他要求部下"制作一份今天拜访客户的报告书"的同时，一定会腾出三分钟时间给出明确指示，清楚地告诉部下写这份报告书的目的和重点。

作为上司的你应该明确告诉部下你所期望完成的报告书的大体轮廓，并且需要确认部下是否明白了你希望传达的意思。请大家注意，这是身为一名合格上司最应做到的一点。

重要的是部下如何快速制作出一份高质量的报告书。不仅如此，如何通过制作完成的报告书准确把握重点、理顺重点，并且简单明了地把重点传达给对方，这也是职场中的一项基础训练。

这时就轮到方格笔记本出场了。身为上司的你应该在方格笔记本的"标题区域"事先写好你想解决的问题，然后在下达指示的同时交给部下。这样一来，部下就清楚地知道"论点是什么""重点是什么"，然后根据你提出的问题寻找答案（结论），制作出报告书。

如果部下是一位刚刚上班的新人，那请你将论点细化，多设定几个小论点吧！具体来说，也就是在方格笔记本的"事实"区域标出"1、2、3"，将论点细分为三个更具体的分论点，明确地写在"1、2、3"后面。

这样的话，部下就可以清楚把握"三个分论点"，有针对性地按照这三个分论点收集信息，减少脑力和时间的浪费，更加流畅、自然地掌握职场中高效的工作方法。

如此尝试几次后，你就可以将使用方格笔记本进行问题思考和设定论点的方法传授给部下了。

刚开始的时候可能需要你多花些时间和心思，但是如果你用这样一段时间将灵活运用方格笔记本的方法教给部下的话，他的报告书中需要你修改和指导的地方将大量减少，部下的压力也会得到缓解。

不仅如此，部下的成长速度也会加快，体会到工作的乐趣后，部下对工作的积极性也会大幅提高，取得令你满意的工作成果。

　　与此同时，身为上司的你也会被公司大加赞赏，因为自己的进步而使上司获得表扬的部下自然也会特别高兴。

CHAPTER FIVE

第五章

玩转可作为
一生有用武器的
"提案笔记本"

笔记本的终极目标是
"提案笔记本"

增强"提案力"可提升"年薪"。

众所周知，麦肯锡、BCG等外资管理咨询公司的工作人员收入颇高，而给他们带来高收入的正是他们交至顾客手中的"提案文件"。

这些提案文件的诞生地就是"方格笔记本"。

其实细想一下，不单单是咨询类工作，大多数工作都可以归结为"根据顾客、客户的要求、期望，为其提供满意答案、建议的过程。"

客户是否满意你的提案？此次商谈能否成功？这其实与"提案力"密切相关。

将笔记本进化为"能挣钱的笔记本"

工作笔记本所追求的最高目标应是"提案笔记本"。"能

挣钱的笔记本"就是"提案笔记本",更准确地说,应该是
"能得出可靠结论的提案笔记本"。

如果你会写这样的笔记的话,那么,它将成为你一生的武
器,助你在竞争激烈的职场中发挥出自己的能力。

本章主要向大家介绍如何掌握笔记本的最高目标——"提案
笔记本"的使用技巧。其中,最重要的一点便是逻辑性思维。

在商场中,无论你的想法如何出色、如何新颖,只要客户
不认可,那么一切都是零。这时,就需要合乎逻辑的战略以及
将此战略付诸行动的合情合理的执行方案。

要想掌握能成为毕生武器的"提案笔记本"的记录方法,
最大的前提便是学会逻辑性思维。

在方格笔记本这一"健身房"中
锻炼大脑的逻辑性

　　假设你有一个即将念初二的儿子。如果有人问你"为了儿子的将来，你认为他现在就应该掌握的技能是什么"的话，你会怎么回答呢？

　　在经济全球化不断发展的今天，商业世界中最需要的能力便是英语和商业思维了。商业思维能力既包括逻辑思维能力，又包括逻辑行为能力。

　　正因为如此，以丰田为代表的多数企业都会对刚进公司的新员工以及进公司三年左右的员工进行逻辑思维培训。此外，近些年，成人学校开设的逻辑思维培训课也颇有人气。

　　同时具备英语能力和逻辑思维能力的人是企业梦寐以求的理想型人才，所以他们自然能够获得高额的年薪。其实，如果是在外资公司，比如具有代表性的外资管理咨询类公司的话，他们甚至可以获得高达数千万日元甚至过亿日元的年薪。

每天坚持"按逻辑性思维记笔记"比参加逻辑思维培训更有效

以英语作为官方语言的企业日益增多。可是另一方面，虽然在初中、高中、大学学习了10年的英语，而且还参加了校外的英语培训，可是工作后，却发现自己的英语能力还是满足不了工作需求——拥有这样苦恼的人应该不在少数。

同样，明明参加了逻辑思维培训，却"无法将其很好地运用在实际工作中"的也大有人在。

掌握能运用于工作中的英语能力及逻辑思维能力的关键其实是重复再重复，不断地重复。如果你想掌握某项能力或者技巧，重复便是捷径。

如果你想说一口能在职场中使用的流利英语，那么，除了在每天的工作中坚持使用英语外，别无他法。逻辑思维能力也是如此，只要你在每天的工作中坚持按逻辑思维思考问题的话，那么，你就能锻炼大脑的逻辑思维能力，这是练就逻辑思维能力最快速、最有效的方法。

好比你刚进公司时接受了逻辑思维培训，那么，你能否坚持把在培训中学习到的方法和技巧运用在每一天的工作中，将决定你是否能走好最初的一步。

就像我们想锻炼肌肉的时候会去健身房一样，练就逻辑思维能力的"健身房"就是本书通篇的主角——方格笔记本。

"说话时逻辑性不强……"

"不善于有条理地思考问题……"

"很难写出逻辑性强的文章……"

这是咨询中大家经常诉说的苦恼。

其实，"不善于逻辑思维"的原因很简单。这个原因就是你没有每天按照逻辑思维的思路记笔记，所以，你的逻辑思维自然得不到锻炼。

我在上一章提过工作笔记本是"勇于舍弃的笔记本"。为了让自己的笔记本成为"勇于舍弃的笔记本"，就要大胆地将无用的信息通通丢掉，找出唯一的"1"，也就是保龄球场上的中心球瓶。也就是说，"设定论点"是工作笔记的重中之重。

设定好论点后，就要以论点为起点，按照"事实→解释→行动以及结论"的顺序记笔记。只要能按照这个顺序记笔记，那么，不管你是有意识还是无意识，都会按照逻辑思维思考问题。这是因为如果你不按照逻辑思维思考问题的话，你是无法按照"事实→解释→行动以及结论"的顺序记笔记的。

如果能坚持按照这种方法记笔记的话，那么，你的记笔记技巧将快速得到锻炼，不断进步与提高。

与此同时，你的逻辑思维能力也会随之得到锻炼，使用"这件事的重点是……""结论是这样的……""这是因为……""重点为以下三点……""基于这样的事实……""可以解释为……""需要采取这样的做法……"等逻辑清晰的方式表达，讲出来的话也如同整理后的报告文章一样条理清晰。

这样的说话术与拿着高额年薪的外资咨询顾问们使用的说话术是一样的。坚持每天使用方格笔记本，你也能够掌握与咨询顾问同水平的思考技巧。

出色的外资咨询顾问
讲究"Fact"（事实）

诺贝尔奖得主口中的"使头脑变聪明之本"

因"双螺旋结构"而声名大噪的诺贝尔生理学和医学奖得主詹姆斯·杜威·沃森曾经这样说过："母校芝加哥大学教会我的最为重要的一点便是基于事实思考问题的能力……芝加哥大学善于通过教育激发学生成为领导的可能性，也就是说，它能将学生培养成为一个善于从事实出发思考问题的人。"

正如沃森博士所说的那样，"教育之本是基于事实思考问题"。进一步说，如果思考没有基于事实进行，那么，将很容易得出与事实相去甚远的结论，这样的结论是毫无意义的。

但是，既被教过"要基于事实思考问题"，又将此方法贯彻执行的人其实少之又少。学校或社会只看重我们能否得出答案或

解决方案，而不告诉我们这一"基本原则"。"基于事实思考
问题"其实也是进行商业思考的大前提。

总而言之，"基于事实思考问题"是教育之本，同时也是
商业活动中的基本原则。而那些善于学习、善于工作的"聪明
人"其实就是无论在学生时期还是工作后都能将"基于事实思
考问题"这一基本原则坚持到底的人。

外资咨询顾问口中的"Fact! Fact! Fact!"

外资管理咨询公司咨询顾问的思考能力为何如此出众？最
大的原因便是他们坚持将"基于事实思考问题"这一原则坚持到
底。

这些人中的大多数都是接受过高等教育，拥有MBA、博士等
学位的人。而他们也是在上司的"这个建议是基于怎样的事实、
由谁提出的""Fact! Fact! Fact! "等反复指导中锻炼成长的。

将"基本原则"坚持到底是一件很难的事情，正因为如
此，就更需要我们日复一日的坚持。如果是那些本就优秀而且
又接受过优质教育的人，若能掌握此项基本原则，那么，他们
的能力势必会迅速得到大幅提升。

思考之本是"基于事实思考问题"

截止到目前，是否有人教过你要基于事实思考问题呢？

正如我前面提到过的那样，很少有人知道要"基于事实思考问题"。如果事实与此相反，你早就知道这一点，并且早早养成了"基于事实思考问题"的习惯，那么，你将可以把竞争对手远远地甩在身后。

不仅如此，这一习惯将为你的一生带来积极影响。

"基于事实思考问题"是一项强有力的武器。

读过前面几章，你应该已经知道要按照三分法使用方格笔记本了吧！写工作笔记时，应在已按三分法分好的最左侧区域内记录"信息"，也就是"事实"。翻开笔记本时，这一区域的信息会立刻映入眼帘。

这与外资管理咨询公司的领导每日叮嘱下属按照"Fact! Fact! Fact!"锻炼记笔记的效果是一样的。

用提案笔记本的左侧区域记录事实和用学习笔记本的左侧区域记录板书是一样的道理。因为老师写在黑板上的板书基本上都是"事实"，比如历史、数学公式、文章、食物链图等。

　　所以，如果你在上学时便开始使用在学习笔记本的左侧区域记录"板书=事实"，并且通过"发现=解释"将其转化为故事这一方法记笔记的话，那么步入社会时，你的起点便已经比其他人高出了一大截。

　　进入社会后，你每天都会在这个名为方格笔记本的"健身房"锻炼。也就是说，如果你养成了在工作中使用方格笔记本的习惯的话，也就等于掌握了练就"基于事实思考问题"这一思考方法的最快速、最有效的手段，而且这一手段对任何人来说都是很容易掌握的。

用不同颜色区分
"事实"和"意见"

　　"事实"就好像未经切割的钻石原石。商业活动就好比通过切割打磨"事实"创造出新的价值从而获得利益（这里的利益不单指金钱，而是指一切好处）的过程。

　　你见过开采钻石原石的情景吗？采石工人首先要在山上的岩石、沙土中挖掘，从中寻找散发着细微亮光的原石，然后经过复杂的切割过程，才能从中切割出一小块钻石原石。

　　"事实"也是如此。进入公司后，我们会参加许多会议，而会议往往会延时。会议延时的原因其实与开采原石的情景十分相似。会议本是用来陈述"基于事实总结得出的想法（意见）"的场所，可是，许多人却在会议上一味强调"自己的想法"，没有任何事实依据，只是一味地凭空发言。如此发展下去的话，不知不觉中，事实便会被埋没在某个地方，会议也变成了毫无成果的过场。类似情景每天都在日本的企业中上演着。

用"黄金三分法"减少无用会议

按黄金三分法使用方格笔记本可以有效减少无用会议，防止事实被忽略。

白色书写板也可按照三分法使用，在白板上方写出"会议主题"，将左侧设定为"事实区域"，右侧设定为"意见区域"。

■ 用不同颜色区分"事实"和"意见"

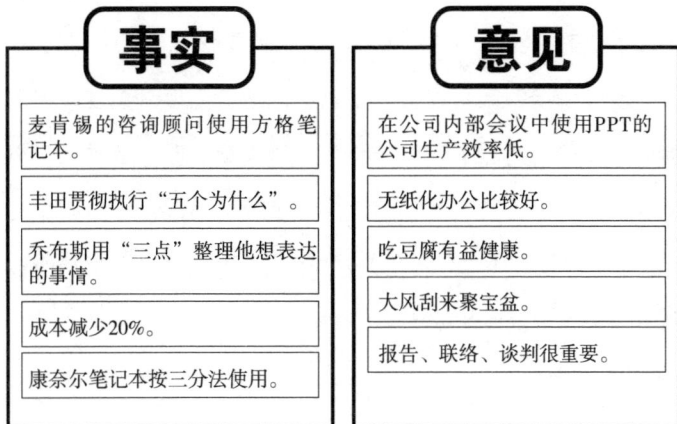

事实

- 麦肯锡的咨询顾问使用方格笔记本。
- 丰田贯彻执行"五个为什么"。
- 乔布斯用"三点"整理他想表达的事情。
- 成本减少20%。
- 康奈尔笔记本按三分法使用。

意见

- 在公司内部会议中使用PPT的公司生产效率低。
- 无纸化办公比较好。
- 吃豆腐有益健康。
- 大风刮来聚宝盆。
- 报告、联络、谈判很重要。

虽然这是基本中的基本，但是不区分事实和意见的情况却出乎意料地常见。请通过每天的笔记积极拓宽"基于事实思考问题"的思路吧！

然后分别在各区域内写入相关内容，"事实"用蓝色笔写，"意见"用黑色笔写，这样就能一目了然地看出"事实"和"意见"。记笔记的时候也使用同样的方法。

总结不出自己的意见，或好不容易总结出来的意见又没有说服力，这两种情况都是由于没有认清"事实"和"意见"造成的。如果用不同颜色的笔分别记录"事实"和"意见"的话，那么将很容易避免这种情况的出现。

不仅如此，此举还能帮你引导出逻辑思维能力强且容易执行的意见，使你朝"出色的人"又迈近了一大步。

也许有人会认为"事实"指的是数值或数据，但我要说的是，最重要的事实其实是"用自己的眼睛看到的"。

据说某咨询顾问收到某汽车制造商的咨询后，亲自来到那个停车场，"用自己的双眼"一辆一辆地确认停车场内所停车辆的种类，并根据"事实"设定出一个独特的假设，然后完成了一份验证假设的提案书。而这份提案书对这家汽车制造商日后的发展带来了巨大的改变。

在网络如此发达的当下，我们更应该重视"用自己的眼睛看到的""用自己的心感受到的"事实，重视事实中蕴藏的重大价值。

加入固有名词、数词、动词

你善于写文章吗？还是一想起写文章就头疼？

写作能力能显示出你的思考能力。

学生时期，如果你善于写作的话，小论文和语文的成绩一般都会比较好；进入大学后，你的毕业论文也会完成得更加顺利；步入社会后，能否写出好的文章将直接决定你的工作前途。可以说，写作对每个人的一生意义重大。

能否写出好的文章，将直接决定你能站上什么样的舞台。

能提高写作能力的记笔记法

你知道提高写作能力最有效的办法是什么吗？

学习写作技巧、多读书、增加词汇量、每天在博客上写文章等都是提高写作能力的方法。可是，我知道一个最简单、最有效的提高写作能力的办法。这个办法就是不用"词语"而是用"文章"记笔记。

　　笔记里的"文章"和作家、诗人写的文章不同，它偏重的
是：是否容易理解、是否能准确传达，避免模糊含蓄的表达。

　　若想避免模糊含蓄的表达，写出既容易理解又准确的文
章，使用"能看见的词语"就变得尤为重要。所谓"能看见
的词语"，就是当你看到那句话的一瞬间，眼前能够浮现
出具体情景的词语。具体来说，就是"固有名词、数词、
动词"。

　　只需有意识地使用这些语言记笔记，便可以避免笔记中
出现模糊含蓄的表达，使你的笔记本既具体，又容易理解。

"能看见的词语"
第一步：使用固有名词、数词、动词

固有名词 ➡ 表示特定人物、地点、事件、时期等的名词。

东京大学	丰田	镰仓时代
源赖朝	涩谷	德鲁克

数词 ➡ 用数字表示时间、年份、人数等。

90分钟	空白的一秒钟	7个习惯
1192年	3项原则	百人大会

动词 ➡ 表示动作的词语。关键在于眼前能否浮现出做动作时的画面。

听	查	发邮件
展示	交谈	搜索

丰田、麦肯锡的
"五个为什么"要用三个工具来掌握

在学习笔记本的那部分内容中，我曾说过"能驾驭好中部区域的人即可驾驭好学习"，并且详细介绍了驾驭好中部区域的关键是"逻辑连接词+三种箭头"。

而在工作笔记本方面，也是"能驾驭好中部区域的人即可驾驭好工作"。不过，由于工作中面对的问题往往比较复杂，所以使用"逻辑连接词"和"箭头"的方法也需要进一步提升。

丰田、麦肯锡贯彻执行"五个为什么"在业界是出了名的。

若能通过连问"为什么？为什么？为什么？为什么？为什么？"进行深度思考，那么就可以明白表面上看到的问题其实和根本问题（原因）是一样的。

如果能挖掘出最根本的问题，那么只需解决这一个根本问题，其他所有问题也就迎刃而解了。

用"逻辑连接词""箭头""方形"解决"五个为什么"

执行"五个为什么"时，通过方格笔记本中部区域的视觉效果加深思考是非常有效的。具体来说，就是使用"逻辑连接词""箭头"和"方形"这三个工具。使用的"逻辑连接词"是"为什么"，一定要用最适合自己的词语，然后用"方形"和"箭头"在方格笔记本上展开思考。如此一来，便可以像我举出的下一个示例一样，更具视觉效果和逻辑性地展开思考，顺畅、深入地分析问题，迅速准确地找出"根本原因"。

具体来说，如下页图中所示，通过"为什么？为什么？为什么？为什么？为什么？"深入思考问题，挖掘出新的事实。然后通过"所以呢"追溯本源，在思考的过程中找出解决根本问题的方法，培养出既高效又具有战略性眼光的思考法。

从开始培养到养成习惯的过程中难免会有疲惫的时候。但是，这就和你进行肌肉训练时会感到肌肉酸痛一样，疼痛意味着你的肌肉在一点一点地形成，疲惫意味着你的逻辑思维在一点一点地得到强化。

如此坚持下去，某一天，你会发现自己的大脑已经可以高速地完成"五个为什么"的思考过程，工作能力也提升了几个档次，切身感觉到自己的进步。

"五个为什么"的具体示例

以下示例将用"五个为什么"来思考日式料理盒饭店提高销售额的策略。

■ 用"逻辑连接词""箭头""方形"展开思考

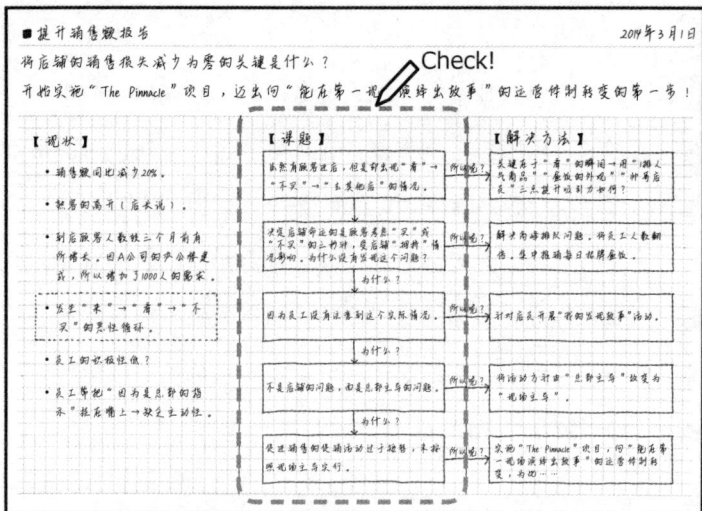

┃ 外资咨询顾问贯彻始终的
┃ "行动区域"是什么样子的?

提案笔记本右侧部分是用来写"行动"的区域。

在我进行笔记指导时,有许多学生向我反映自己写了很多笔记,却无法将笔记内容转化为行动。究其原因,一看笔记本便知。原来,很多人都不会给自己的笔记找出口,没有在笔记中写出解决方案(行动)。

如果是学生时期的学习笔记本,那么以"总结概括"为出口即可。可是在商业领域,如果不采取行动,那么,一切结果将皆为零。所以,工作笔记本一定要以"行动"为出口。

外资咨询顾问所写的笔记都以"行动"为出口。

外资咨询顾问在分析事实、思考问题、制作提案文件等所有阶段都是以思考"如何给顾客提出一个能达到理想结果的具体实施方案"为基础的。这种思考方法在咨询界被称为"基于行动的思考法"。

麦肯锡的咨询顾问贯彻始终的思考方法是"空·雨·

伞"。这种思考方法想表达的内容就是一句话——"请带伞出门"。无论是观察天气情况，还是推测出可能会下雨，这些都是为了得出最佳行动方案而进行的铺垫罢了。

最佳行动是"有画面感"和"真实"的

你是否会基于行动思考问题呢？我们可以通过大脑屏幕验证一下。

用"看不见的词语"表达做什么	用"看得见的词语"表达做什么
探讨	→请用三周时间确定是否实施的判断标准。
共享	→请将会议纪要总结在一页 A4 纸上，然后用邮件发给所有参会者。
可视化	→请将议题归结为三点，在白板上写出何时、由谁、做什么。
渗透	→将企业理念画为一幅画。董事长每周讲一次画中蕴含的深意。
把握	→对相关人士进行采访，将问题归结为三点，解决办法概括在一页纸上。
意识	→带着明信片尺寸的 10 项核对清单，9 点、13 点、18 点各核对一次。

比如你有一名下属，如果你要求他"就某件事总结出一份
文案来"，那么，这不叫基于行动思考问题。因为无论接收到
指令的下属如何按照你提出的要求绞尽脑汁地思考，他的大脑
中都浮现不出任何画面。

与此相反，如果你这样提出要求："可否找出A公司的销
售额较上月增长20%的三个重要原因，写到一页A4纸上，在明
天中午12点前交给我呢？"听完你的要求，下属立刻明白自己
要做的是什么，并且可以立刻采取行动。

实行基于行动的思考法的秘诀是用"看得见的词语"来表
达具体行动。平时，我们在工作中使用的表达多为无法在眼前
浮现出具体画面的"看不见的词语"。所以，请按照以下要
领，养成使用"看得见的词语"表达的习惯吧！

█ 一切只为得出一个信息

讲到这里，本书即将迎来"提案笔记本"的最后一步，这一步发生在向客户等人传达信息的关键阶段——在标题区域写出"结论"。

"总而言之，你想说的到底是什么？"只需把最想说的话简单明了地写出来即可。

如果从学生时期开始，你便通过"学习笔记本"锻炼了"有意识地对笔记进行概括总结"的能力，那么步入社会以后，你将立刻被上司以及周围的同事评价为"优秀的新人"。

关于工作笔记本，我已经详细介绍了记录流程和展开方法，接下来，将迎来最关键的一点，那便是用方格笔记本简洁明了地概括出一个信息——这就是结论！

总结信息的关键在于"少即是多"。

据说"少即是多"是BCG的咨询顾问总结信息时使用的通用语。

终极版的"少即是多"只是简单的一个信息。若能将"一个信息提炼为一两句话"便是最理想的了。

这时，就需要你对表达提炼再提炼。

虽然这一步很难一蹴而就，但只需你具有"少即是多"的
意识，每次概括总结时都精心选择最贴切的表达，坚持不懈，
那么总有一天，你也能写出简洁凝练的"一个信息"。

以上，就是有关提案笔记本的所有内容。

使用黄金三分法：

·**准确设定"论点"；**

·**用不同颜色表达"事实"和"意见"；**

·**基于"事实"，通过连问"五个为什么"，挖掘本质问题；**

·**明确提出"行动"；**

·**将"结论"提炼为一个信息。**

这一系列的步骤均可通过方格笔记本的格式实行。

只需使用方格笔记本，你便可以养成这样的思考习惯。不
要再发愁了，赶紧从明天的工作开始尝试吧！

下面，让我们来看一个具体的活用示例吧！

■项目"零加班"

能否将从上司处得到的信息转化为"立即采取行动→结果"。

YES！不用PC而用"一页纸"记录，执行"行动计划"，当场决定，

【现状】

- 很认真、很努力，却竟无成果。拼命记笔记，却没有笔记本。
  →用剪切板夹天纸书写。

- 会议上只口头说出数字，却没有找出"为何得出这样数字"的依据。
  →未能采取上行动。

- 多数新人不记笔记，只是录入PC中。工作无结果。
  →与此相反，能立刻采取行动得到理想结果的新人总是很认真他记笔记。

- 董事长发言时不是把讲话内容制作成文案发给下属，而是单纯的口头讲话。关于讲话内容，有的人记，有的人不记。只听却不采取行动的人较多。

- 同样接受培训，同样记笔记，可学习、决策效果却大相径庭。

【课题】

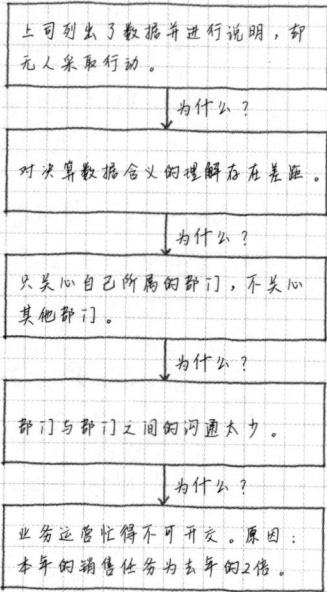

上司列出了数据并进行说明，却无人采取行动。

为什么？

对决算数据含义的理解存在差距。

为什么？

只关心自己所属的部门，不关心其他部门。

为什么？

部门与部门之间的沟通太少。

为什么？

业务运营忙得不可开交。原因：本年的销售任务为去年的2倍。

●写入事实

先逐条写出与论点相关的事实。记得要用不同颜色区分事实和意见，整理事实情况。

●连问"为什么"

在所列举的事实的基础上，找出应该解决的问题，然后就这一问题连问"为什么"，深入剖析，挖掘出本质。

2014年2月28日

立训采取行动。

● 活用顶部3~5厘米
处的空白区域②
最后，在上部空白区域写
下这一页报告的结论"总
之……"

【对策】
①增加员工人数→✕（元增加人员计划）
②更改业务→✕（现状已是高水平）
③提升能力→◎

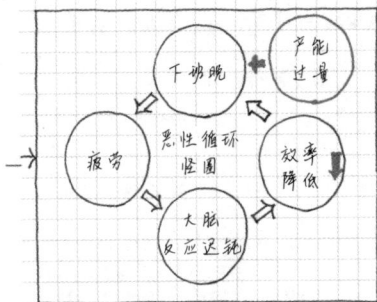

● 用示意图体现视觉效果
通过连问"为什么"，将发
现的问题的内部结构通过示
意图表现出来。

具体来说，应着重开发以下两种能力。
①针对用PC记笔记却无法取得工作成
果的员工，让他们学习能取得工作成
果的员工的记笔记方法。
②针对"只会强调失败原因的员
工"，开发"三步行动贴"。

● 在右侧区域明确行动
在"事实→解释"的基础
上，明确指出现在应该由
谁、毫不犹豫地采取什么样
的行动。

方格笔记本的
使用示例

2

《工作笔记本篇》

所有资料皆用
"黄金三分法"整理

工作以后，第一件让你惊讶的事情便是资料量之大。从报告书到会议文件、提案书、策划书、协议书等，各种文件在公司中应有尽有。

如何从大量资料中找出自己想要的，并结合自身需要对资料进行适当的修改呢？我们可以通过网络上的信息、书店中的书籍学习掌握"报告书的写法""会议纪要的写法""提案书的写法"等写作技巧。

可是，我要说的是：

"不要被制作文案的各种写作技巧迷惑，掌握制作文案的方法才是关键！"

工作中需要制作的文案多种多样，有报告书、策划书、商品策划书、提案书等。但是无论什么资料，我们都可以把它当作提案书或与提案书类似的文件来做。也就是说，制作文案的重点是制作"提案笔记本"。仅此一点。只要你知道这一点，今后制作任何文案资料的时候，只需按照同一种模式去做就可以了。

也就是说，你没必要去掌握那么多种文案制作技巧、制作方法等。你要掌握的方法只有一个，想必不说你也知道，这个方法就是在学习笔记本、工作笔记本等不同阶段逐步提升发展的"黄金三分法"。

请按"一个模式"制作文案吧！

如果无论何时、无论什么样的工作，你都能坚持按照"黄金三分法"总结制作文案，坚持锻炼"黄金三分法"这一笔记技巧的话，那么，无论是你的文案制作效率还是效果，都将取得惊人的进步。

工作几年后，大约在你28岁的时候，你的工作水平会上升至一个崭新的台阶，制作文案的难度也会随之降低。

你所提交文件的对象将从直属上司变为公司高管，从客户公司的项目执行人变为项目经理、董事或是董事长。与此同时，你开始拥有自己的下属，给别人下达指示的机会也会越来越多。

也就是说，你需要制作文案的数量增多、质量提高。

这时，我们该怎样做，才能保证继续高效、高水平地完成大量的文案制作呢？

答案就是"将一种模式贯彻到底"。不是针对不同的文案资料选择不同的制作方法，而是所有资料全部都用"同一种模式"制作，这个模式就是"黄金三分法"。

制作资料时只需按照"事实→原因→结论"的流程展开描述即可。仅用这一种模式，无论是一则简短的邮件，还是报告书、策划书，或是长达一百多页的汇报演示文件，只要是为了"书写、传达"的文件，我们都可以用这一种方法概括总结。

如果你平时坚持使用方格笔记本，并坚持按照"黄金三分法"记笔记的话，那么，你将练就无论面对任何资料皆可快速、高效地总结出一份漂亮文案的本领。

外资管理咨询公司的咨询顾问在制作PPT时坚决按照"黄金三分法"执行。他们通过这些提案文件可以获得高得惊人的报酬。如果是出色的咨询顾问，那么30岁出头时，他便可以取得高达数千万日元的收入。所以，用"黄金三分法"总结出的提案笔记本真的可以称为人生最大的一笔财富。

同样，你所拥有的提案笔记本也将成为支持、构筑你"目前成果"和"未来成功"的坚实地基。

　　当然，这并不是说我们一开始就要做得多么完美，而是你愿意尝试用自己的双眼发现"事实"，愿意尝试将"事实"这块钻石原石放在方格笔记本上切割打磨，愿意尝试得出结论。你是否已做好准备，愿意迈出开始的一小步呢？

小知识：
制作出与外资咨询顾问同样美丽的PPT的秘诀
——"think-cell"的冲击

外资管理咨询公司为提高PPT的制作效率，特别引进了一种软件。

这个软件就是"think-cell"。BCG、博思艾伦咨询公司、理特管理顾问有限公司等多家外资管理咨询公司都引进了"think-cell"。

外资咨询顾问制作的PPT由美丽的图表构成，一眼就能抓住你的心。而"think-cell"就是能自动生成美丽图表的软件。

使用"think-cell"软件，任何人都可以用很短的时间完成原本需要花费大量时间才能完成的优质图表。

截至目前，耐克、荷兰皇家壳牌、美国运通、大众等众多世界知名企业都引进了"think-cell"软件。

但是，有一点却没有因此而改变。那就是使用方格笔记本实现"梳理思路、增强视觉效果、归纳出逻辑感强的解决方案"这一知识生产技术。因为如果输入软件的信息不够简洁凝练的话，那么，再优秀的软件也无法很好地发挥性能。

方格笔记本决定文案的成败，用"think-cell"将PPT制作得更美丽、更具视觉效果，这便是外资咨询顾问的工作作风。

think-cell

http://www.think-cell.com/en

追求高水平笔记法的途径指引。

Guide ❸ 更上一层楼的"博弈笔记本"

在人生的博弈舞台上，"博弈笔记本"将是你的坚强后盾，为你提供大力支持，下面我将针对"博弈笔记本"的用法做出指引。

第四章及第四章以前介绍的笔记本是用于"记忆""思考""整理思考"的笔记本。而从此章内容开始，笔记本已发生了质变，成了"向他人传达想法"的工具。

"写笔记是为了将内容传达给对方"，这是出色外资咨询顾问思考问题的方式。基于这种思考方式写出的笔记，用我的话来说，就是"博弈笔记"。

写笔记=制作PPT。在和客户的会议上写下的笔记能够直接作为PPT的资料使用，这是我们应该追求的终极笔记本技巧。

28岁以后，你会迎来几次负责大项目、接到大订单、创业等决定你未来成败甚至周围人命运的关键时刻。这时，就到了能为你打造美好未来的"博弈笔记本"出场的时候了，下面我将向大家介绍一下"博弈笔记本"。

制成博弈笔记本的"三个要点"

制成"博弈笔记本"的三个要点是"提案笔记本=一页报纸新闻""信息为先""从希望达到的'心理效果'逆向选择图表"。下面，就让我给大家详细介绍一下这三个要点。

提案笔记本=一页报纸新闻

我曾接受过国内某家报社的采访。之前我一直认为报纸中隐藏着与记笔记技巧相通的地方，所以采访结束后，我问采访我的记者："优秀的记者与不优秀的记者之间的差别是什么？""可能是是否有'型'吧！"他回答道。有型的记者能够高效地进行采访，快速、简洁地总结出报道文章，明确突出重点内容。

其实，提案笔记本的格式与一页报纸新闻的版式是一样的。看了下一页的内容你应该就会明白，报纸也是按照黄金三分法排版的。如果你有意识地将每天翻看的报纸当作笔记的格式样本的话，那么，你每天记笔记时的感受就会有很大的变化。就当作自己想成为一名优秀的记者吧！因为这样的坚持将成为大幅提升你提案能力、使你成为一名出色职场达人的原动力。

Point 1 提案笔记本=一页报纸新闻

（参考2014年4月15日版
《日本经济新闻晨报》制作而成）

报纸的头版布局与方格笔记本的记录方法完全一样。
①标出题目
②附上图表
③写出文章

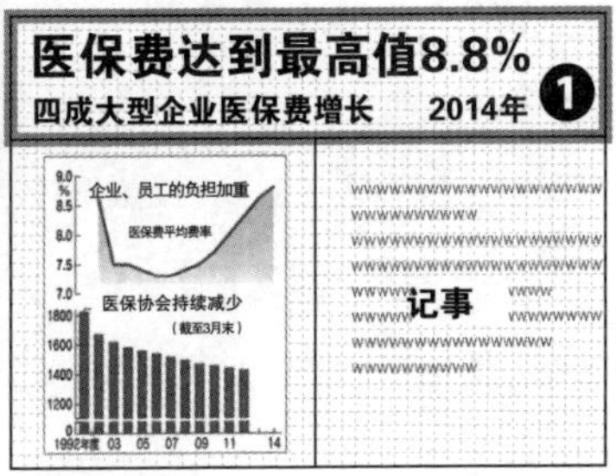

Point 2 信息为先！先传达结论！

Point 3 从希望达到的"心理效果"逆向选择图表

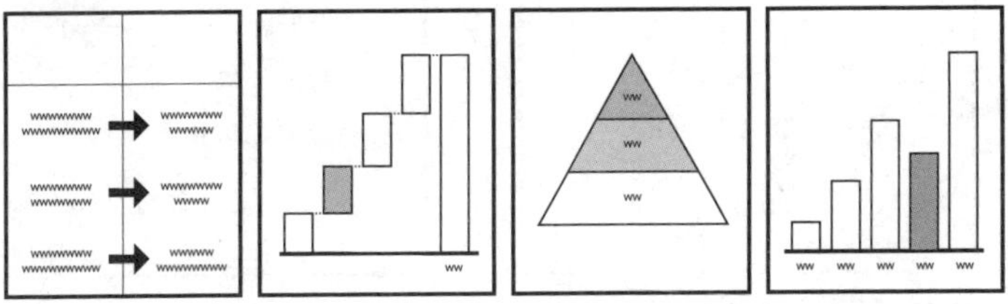

信息为先！先传达结论！

写提案文件、记笔记时，首先要做到"信息为先"，也就是先传达结论。

也许有人会说，"先传达结论"不是理所当然的事情吗？可是，我实际看到的笔记本中，按照"信息为先"的方式记笔记的人并不多。

这是因为人在遇到问题的时候总喜欢先给自己找借口。

如果你使用的是方格笔记本，那么将很自然地养成这样的习惯。因为方格笔记本顶部3～5厘米处已预先设定好了写结论的标题区域。只要能坚持按照方格笔记本的格式记笔记，就能自然而然地养成"信息为先"的习惯。

信息为先，图表第二！   不能一上来就画图……

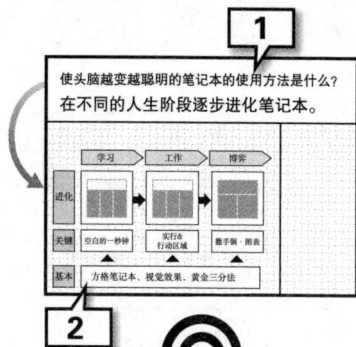

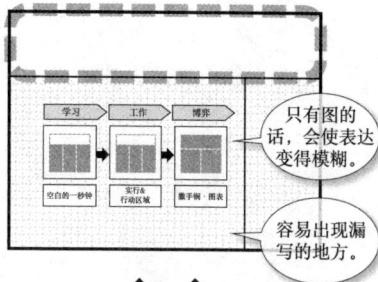

从希望达到的"心理效果"
逆向选择图表

外资咨询顾问制作的PPT文件中总会出现"美丽的图表"。

刚看一页，客户的心便已经被深深地吸引了。据说外资管理咨询公司BCG喜欢用"美丽"评价图表的好坏，麦肯锡则喜欢用"性感"评价图表，像是在点评艺术品一样。

不过，制作瞬间就能抓住对方的心的"美丽图表"也是讲究方法的。

这个方法就是"从希望达到的'心理效果'逆向思考"。看到这个图表时，对方会怎么想？能否让图表达到的效果与对方脑海中的丰富记忆关联起来？这便是选择图表的关键所在。

可是，外资咨询顾问的工作手册中却介绍了近100种图表，事实上也会有很多人迷惑"选择哪种图表才会瞬间抓住客户的心呢"？这是因为他们并不知道"什么情况该使用什么样的图表"。

接下来，我将为大家介绍最具代表性的四款图表以及我们希望用它们达到的"心理效果"。

如果能够适时区分使用不同图表的话，那么就像给信息加了音效似的，做出的图表也就变身为能够打动对方的"美丽图表"了。

从下一页开始，我将以试图达到的心理效果为主线，具体介绍四种图表。

part 1 之前、之后的对比效果

——乐天市场的核心销售法，电视购物、美容商品、减肥商品销售中必用的对比法

人对"差距"是有反应的。制造差距最有效的办法就是比较"之前"和"之后"，也就是"before"和"after"。

有一档名叫"大改造！改造前后的惊人巨变！"的装修改造类节目。当你看到宛若鬼斧神工般的改造后的情景与改造前的情景的对比图时，是否也会不由自主地向前探出身子盯着电视屏幕看得入神呢？

人对前后对比的反差效果会产生很强烈的反应。

我们经常在地铁、电车上见到减肥广告。当我们看到"三个月减掉15千克"的前后效果对比图后，会不由得暗自惊呼"这也太不可思议了"！

"我为什么能上东大？"这一知名广告也是运用了前后效果对比。此外，深夜的电视购物节目、函购的宣传页、乐天市场等也都经常使用此种促销方式。

可以说，不会使用"前后效果对比"的人是做不成生意的，这是销售中最常使用的一种促销方式。

当人们看到违背常识的惊人差距（前后对比）后，内心会受到巨大冲击，之前的认识也会发生转变，心一下子被吸引，因此而采取新的行动。

也就是说，顾客会被变化吸引，从而决定购买。可以说，此法是最有效的一种宣传手段。

关键在于设定"比较参照物"

①先判断想传达信息的关键点，也就是希望对方接收到的"重点内容"，
然后将这些重点内容逐个列在纸页左侧。

②针对每个重点内容，各写出一个之前、之后的信息进行对比。

③最后，将从对比中得出的结论写出来。

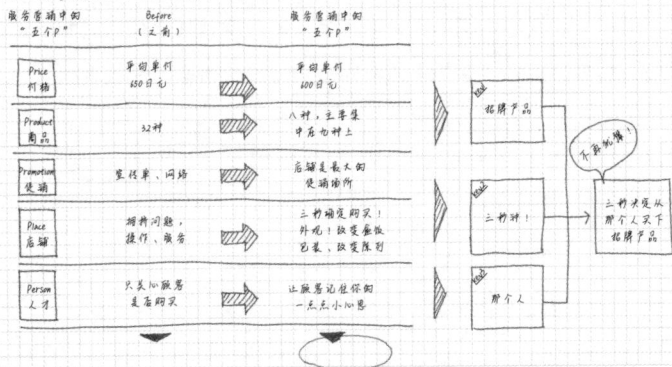

part 2 瀑布效果
——常见于星巴克等知名企业年度财报中，以一目了然著称

运用"上、下""落差"等变化掳获人心的效果就是"瀑布效果"。生活中，既有像台阶一样向上升的东西，也有像瀑布、香槟塔一样向下流的东西。

"Waterfall"是瀑布的意思。就像水向下流动的瀑布一样，图表中也有走势向低处变化的图表，与此同时，也有像台阶一样走势向高处变化的图表，这样的图表我们统称为"台阶图"。

落差之所以可以掳获人心，其实是因为落差具有似曾相识的感觉（好像在哪里看到过似的）。我们从小就上楼梯、下楼梯，所以，我们的眼睛、身体对楼梯的反应十分敏感。

在具有"Waterfall效果"的图表中，最具代表性的当属企业公布的年度财报了。单纯罗列数据的财报是无法吸引人心的，尤其是对于那些日理万机的人，毕竟身居要职的人往往更忙碌，所以，对他们而言，提供直接、便捷的图表更符合他们的需求。与提供单纯的数据相比，提供更具视觉效果的图表时，他们的反应往往会变得更强烈。可以说，将数据图表化并加上"瀑布效果"给你带来的积极效果将是不可估量的。

关键在于只强调重点！

① 首先绘制一个变化前起点和变化后终点数据的图表。

② 然后用台阶状条形图表示这个变化的过程。需要注意的是，台阶不要画得过多。按照"简单就是最好的"这一标准绘制即可。画出三个台阶是比较理想的。

③ 最后整理汇总依据此图得出的关键信息和结论。

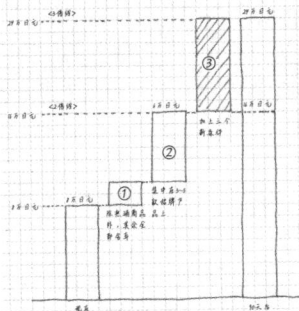

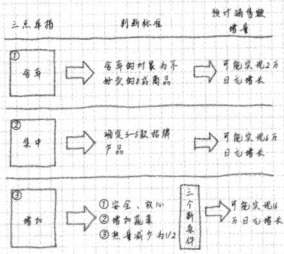

金字塔效果

——三得利、ANA（全日空航空公司）等知名企业将公司愿景、战略浓缩为一张效果图

因为人是特别喜欢"顶点"的生物，所以看到顶点时，人会产生特别的反应。

从小我们就喜欢把积木或乐高玩具堆得高高的，慢慢长大后，我们就像攀登山峰一样，不断朝着一个又一个顶点采取行动。上学时，我们努力在学校的考试中获得满分，努力在学校的社团活动中获得第一；工作时，我们努力达成目标，争取优秀业绩。可以说，我们的一生就是在不断攀登一个又一个顶点。

而最能体现向顶点攀登这一行为的就是金字塔结构了。所以，当你打算制订某项目标或者计划时，可以选择金字塔效果图。

金字塔效果图可用于制订新方案。比如现在需要全公司共同应对一个新项目，制订项目实施方案，方案中需要明确目的、方针、重点以及具体实施办法。这时，只需一张金字塔效果图，就可以让所有相关人员明白整个方案。

三得利、ANA等公司描绘公司愿景、战略时都爱用金字塔效果图，因为比起逐句的文章式书写，一张金字塔效果图更能简单直观地传递信息，使接收信息的人准确理解。

关键在于"从上至下"展开。

①第一层明确目标。
②第二层写出实现目标的三个重点。
③第三层写完成三个重点应采取的行动。

■实现A产饭店销售额翻倍这一目标的战略方案是什么？

通过"1、2、3步制作日本第一烤码块产饭"战略，实现销售额翻倍。

为此，应抓住"三秒钟""那个人""招牌产品"三个重点，具体执行让顾客"三秒决定购买"的10秒库播。

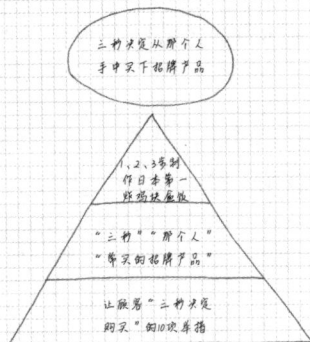

part 4 高楼效果
——将单纯的数据信息如故事般呈现出来的条形图效果

人是对"高低差"比较敏感的生物。见面时，我们会注意一个人是高是矮；外出时，我们会注意街上最高的那幢大楼。人的眼睛具有从大量信息中瞬间判断出高低的能力。而巧妙利用了这项能力的表达方式就是"大厦效果图"。

人们常说，一幅图画胜过千言万语。和数据较劲只是浪费时间，与其如此，还不如试着以图表的形式将数据表示出来。这样一来，单靠数字体现不出的"高低差"便立刻直观地展现在眼前，数据无法体现出的重要含义也可直接传达给对方。

虽然一眼看去可能只是简单的数据，但如果能从某个角度切入，将这些数据转化为条形图表示出来的话，你的眼前也许会浮现出之前看不出的关键信息。

这就是高楼效果。

高楼效果的关键点只有一个，那就是将数据以条形图的形式展示出来。这时需要你多加注意的是对方可能达到的"心理效果"（冲击）。

就像下一页所举出的示例一样，我们并不是为了让对方看整张条形图，而是为了重点传达某个信息，这时就需要在条形图上对重点信息进行强调加工，突出对比。如此一来，我们就能将想要传达的信息更加准确、快速地传达给对方了。

关键在于是否能将焦点放在"有意义的差距"上！

①画出与信息相对应的条形图。

②为使对比更清晰而强调差距。

③在右侧写出具体解释或含义等。

■90天后A金饭店的销售额会发生怎样的变化？　　　　2013年10月6日

仅靠三款招牌产品就可实现日销售额增长33.5万日元的目标。

日销售额达到40万日元，为90天前的5倍。

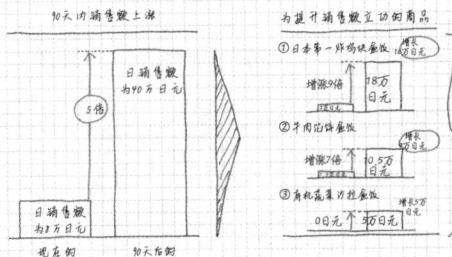

手中的笔记本将决定
你的未来

从一开始介绍方格笔记本，到最后介绍有助于造就精英的"提案笔记本"及"博弈笔记本"，讲到这里，我已介绍完了一遍。

笔记本是在学习、工作乃至决定人生成败等的各个场合、各个阶段都能派上用场的工具。仅仅将笔记本换为"方格笔记本"，你的人生便会发生戏剧般的转变。

与本书的相逢使你了解了"笔记本是需要进化的"这一观点。

使用方格笔记本，你的笔记本就会进化为具有视觉效果、逻辑性、故事性的笔记本。就像你的笔记本发生了小革命一样，你的知识输出也会发生巨大的变化。

你所追求的"人生的下一个舞台"是什么?

若想开拓下一个舞台，就请你拿起方格笔记本，迈出第一步吧! 进化笔记本，你的未来将发生改变。不只是你，你的下属、同事、孩子等周围人的未来都会随之发生改变。方格笔记本带来的改变会像水波一样一圈一圈深入你的生活，当你意识到的时候，身边的各种事情已达到了你意想不到的高度。

如果你希望进一步提升笔记水平，加强心理素质，决定挑战"博弈笔记本"的话，那么，你的工作将更加充实，成就感直线上升，收入不断增加，一切的一切将不再只是梦想。

既然已经了解了方格笔记本，知道了方格笔记本的使用方法、活用方法，那么接下来要做的就只是实践了。

结束语：助你实现梦想的笔记本

20××年××月14日

这是一个关于不远未来的话题。

10年后，或几年后，不，应该是20年、30年后。不，也不对，没准是40年后。

那时，你正身处新宿某高楼47层的会议室中，参加某个重大项目的启动会议。你的眼前，放着一本方格笔记本。

进化你的笔记本。

为了登上更高的人生舞台，人的一生需要实现三次笔记本的进化。

13岁为了学习进化笔记本，22岁为了工作进化笔记本，28岁为了博弈进化笔记本。

现在，你即将在方格笔记本的第一页描绘未来的"第一个故事"。

你的眼前，就是与你共同创造未来的小伙伴。

这位小伙伴正是你一字一句用心书写的方格笔记本。

你的未来将自方格笔记本的第一页诞生。

　　进化你的笔记本。

　　升入小学前后，你开始使用Japonica作业本；升入初中后，你开始使用学习笔记本；大学毕业，你22岁，你将迈出步入社会的第一步。

　　此刻，你的笔记本进一步进化。

　　28岁左右，你的笔记本将进化为"博弈笔记本"。

　　40岁左右，你也许会把自己记笔记的经验传授给下属、子女。

　　进化你的笔记本。

　　这是你登上下一个人生舞台的入场券，

　　也许下一个舞台上一无所有，但你依然需要完成笔记本的进化，因为它将助你亲手开拓出另一个崭新的舞台。

　　和你的朋友一同翻

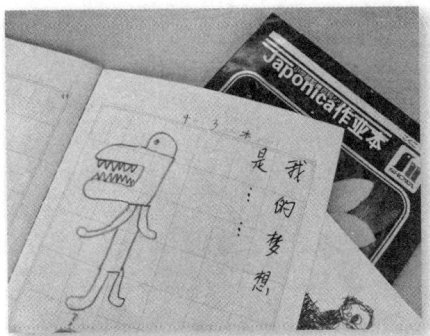

开方格笔记本，一同描绘美丽的未来之梦吧！

只要努力，梦想定会实现。

"方格笔记本""笔"以及"你亲笔画出的美丽梦想"，

美好的未来将在你亲手写下的第一页笔记中生根发芽。

当你完成第一页笔记的瞬间，

梦想以及如同梦想般的历史的第一篇章便开始有了心跳。

本书是为助你顺利迈向"下一个人生舞台"而写的。

衷心感谢你选择本书、拥有本书。

好好使用本书，努力开拓属于你的未来吧！

期待你与我分享美好未来的甜蜜时刻。

2014年4月14日，写于被旭日染红的横滨港畔

高桥政史